AMINOGE №112

Cover PHOTO
KUNIYOSHI TAIKOU

PETIT KASHIMA

俺の人生にも、一度くらい幸せなコラムがあってもいい。

VOL.111

KAMINOGE COLUMN

緊急事態宣言下のプロレス。

プチ鹿島

プチ鹿島（ぷち・かしま）1970年5月23日生まれ。芸人。謎の時事ネタ配信番組『ヒルカラナンデス』。検索してみてください。

私がこれまで接してきたプロレス的修辞には「緊急事態」とか「非常事態」という表現はよくあったように思う。しかし今回の緊急事態宣言は社会に発せられたもの。非日常で消費されていた言葉が日常に侵入してくる事態。言葉の乖離が凄すぎた。

その一方で思う。このがんじがらめの状況でプロレスの現場では何が行わわれるのか、発信側は何を見せるのか。客席では何を感じるのか。やはりきちんと見届けておきたい。

では今回の緊急事態宣言下で行われた興行の中で3つについて書いてみます。「ジャイアント馬場23回忌追善興行（2月4日）」「プロレスリング・ノア日本武道館（2月12日）」「スターダム日本武道館（3月3日）」である。

まずおさらいすると、「午後8時」問題がのしかかった。期間中は午後8時以降の不要不急の外出を控えることが求められたからだ。東京都はイベント事業に対し、1月12日からは午後8時以降の営業をしないように「協力依頼」を出していた。プロレスの夜興行は午後6時30分から開始されるケースがもっとも多く、午後8時までとなると1時間30分しか時間がなくなってしまう（東スポWEB1月8日）。

この「お題」にどう対応するか。ノアとスターダムは「午後4時30分」から第1試合やプロローグファイトが始まった。3時間興行とするなら夜8時終了から逆算するとこういう開始時間になる。それに対して馬場追善興行は試合開始が夜6時だった。タイムリミットは2時間。当日のカードを見ると6試合にしぼっていた。

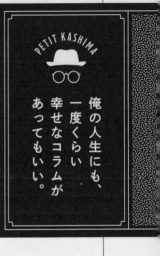

では馬場追善興行は物足りない興行だったか？　私の実感で言うとちょうどいい塩梅だったのである。今回感じたメリットを書くと興行時間が短いからさらに集中して観る。興行サイドの進行も（必然的に）メリハリがあるので心地いい。

6試合のうちの1試合は39年前の「馬場vsハンセン」（1982年2月4日・東京体育館）をスクリーンに流して徳光和夫アナが生実況するという試みだった。予想以上に新鮮だった。目と鼻の先にある東京体育館に入れなかった小学生の私は、後楽園ホールでクローズド・サーキットを観ている。そんな脳内設定をしてみたら一層ワクワクしてきた。ただ、馬場さんの追善に集ったOBレスラーたちがリングに上がり、観客がそれを眺めながら感傷に浸るという時間は大幅にカットされた。残念だったが、エモーショナルに重きを置いた興行はだいたいが時間を無限に食う。今回はこんな短時間でも十分にエモくもあったというのは収穫だった。各団体の今後の参考にもなるのではないか。

続いてノア武道館。武藤敬司のフィニッシュのフランケンシュタイナーについて本誌でもおなじみ堀江ガンツは、若い頃はハイジャンプであるがゆえにウラカンラナ風だったが、「今日はジャンプ力が落ちたぶん、相手の首を足首で挟んで、頭からマットに突き刺す、本家スコット・スタイナー式の正調フランケンだったのが、またよかった！」とツイートしていた。たしかにそう。ゴボっという感じで潮崎の頭がマットに刺さりスリーカウント。沈黙のあとにマスク越しに驚愕する武道館の観客。声をあげてはいけない中で会場全体からどうしても声が出てしまうあの瞬間が私は好きだ。

そしてこの日、私がたまらなかったのが拳王と闘った船木誠勝である。プロレスに復帰したあとの船木には私は「カタさ」を勝手に感じていた。縦横無尽な柔らかさを若手の頃から期待していた身としては、そのの「カタさ」（個人の感想です）にもったいなさを感じていた。しかし50歳を過ぎて黙々とカタいとそれはもう美点にしか見えなくなるのである。同じカタさでも、いつしか船木は玉袋筋太郎さんが町中華で濃いウーロンハイに遭遇したときに発する「カテぇ」と同義となっていたのだ。だからプロレスはたまらない。そういえば若き船木が試合後に前田日明にささやかれたあの日も武道館だった。ああ、そんな話を肴に観戦後にウーロンハイ飲みたい。でもこの夜はまだ我慢であった。

スターダム10周年の武道館も素晴らしい興行だった。オールスター・ランブルでは愛川ゆず季も一夜限りの復活。この人のプロレスラーとしての完成度の高さに驚いていスターダム初期からよく足を運んだのを思い出す。メインはジュリアvs中野たむによる王座戦＆『敗者髪切りマッチ』。令和に髪切りなんてという否定的な声もあったというが、会場で観ていたらハッとしたことがある。ただでさえコロナで声が出せない状況なのだけど、それに加えて「この試合はいったいどうなるのか」という緊迫感と疑心暗鬼のようなものに包まれて、武道館が異様にシンとなる瞬間が何度もあったのだ。長いプロレス観戦歴の中でも特筆すべき空間だった。固唾を飲んで見守るという状況の極地であり、つい声をあげてしまう思いとセットでもある。それにしても試合やマイクでの立ち居振る舞い、見せることのすべてにおいてジュリアはずば抜けていた。

緊急事態宣言下のプロレス。がんじがらめのルールの中で、レスラーも団体も観客もよく闘った。そう書き記しておきたい。

世界一強い
アントニオ猪木
頑張れ!!

アントニオ猪木公式 YouTube
『最後の闘魂』 チャンネルより

　写真：タイコウクニヨシ

「ずっと自分を猪木さんの物語と
重ね合わせて生きてきた。
いま60半ばを超えて思うこと、
プロレスの虚実というのは
世の中そのものじゃないですか。
ボクはそんなプロレスが大好きだった。
すべてはアントニオ猪木から
教わったんです」

闘いのワンダーランド！
熱狂のライヴ!!
最強の語り部が満を持して登場!!!

過激実況

古舘伊知郎

KAMINOGE PUNK JAPAN 1977

収録日：2021年3月17日
撮影：タイコウクニヨシ　聞き手：井上崇宏

Styling：Yoshiaki Takami　Hair&Make-up：Mihoko Sano　Location：Mancy's Tokyo

PUNK JAPAN 1977

「金曜夜8時はウォルト・ディズニーがワンショットで出てくるか、力道山がロングタイツで出てくる。どっちにしても異常に楽しみだった」

――古舘さん、最初にまずお礼から述べさせていただきたいのですが、平凡だった自分の小学生時代に毎週エキサイティングな時間を与えていただき、本当に、本当にありがとうございました。

古舘　小学校時代はつまらなかったんですか？

――ごくごく普通の星のもとに生まれて普通に生活していたんですけど、『ワールドプロレスリング』を観るようになってから、それまでの生活がじつはそこまで楽しくなかったんだということに気づきました（笑）。意外なことに古舘さんは少年時代、凄く無口な子だったんですよね？

古舘　本質はおしゃべりなんでしょうけど、自分で自分を騙したというか、家族の役柄の決めつけに騙されたというか。

――役柄の決めつけ（笑）。お母様とお姉様が凄く口達者でいらしたそうですね。

古舘　おふくろと姉さんはもの凄いおしゃべり速射砲で、もう舌先のルチャリブレですよ。

――舌先のルチャリブレ！（笑）。

古舘　もう舌戦が空中殺法ですから。「うわー、トペ行ったー！」「プランチャ行ったー！」とかそういうテンポの世界で縦横無尽。そこで「伊知郎はとにかくおとなしくて無口だ」っていう決めつけ、役柄設定をされた。親父も年代的に「男のおしゃべりはダメ」という人だから普段はあまりしゃべらない。だけどいま思えば、親父は大学時代は雄弁会出身だったりして演説とかは得意だから、けっしてしゃべりは嫌いじゃないんですよ。

――ということは、実態はおしゃべり好きな家族ということですね。

古舘　だけど本当に自分でもずっと無口だと思っていたんですよ。数年前にＮＨＫの『ファミリーヒストリー』という番組に出させていただいたとき、小学校の6年間一緒で仲がよかった友達なんかも取材を受けていて「まったく目立ってなかったよね」「無口だったしね」ってみんな口を揃えて言ってましたよ。本当にその通りでした。ただ、内圧は高まっていたんじゃないかなって思うんだけど。

――無意識に。

古舘　「しゃべりたい」という系統を引いているのに、自分もおしゃべりだっていうことに気づいていないだけですよね。それがバーッと爆発したのが高校ぐらいですよ。

――プロレスにハマった瞬間っていうのはいつですか？

古舘　幼稚園のいまで言う年長さんくらいのときにウチにテレビがやってくるんですよ。ボクは１９５４年12月7日生まれなんだけど、生まれる前の１９５４年2月19日に力道山&木村政彦vsシャープ兄弟の闘いがあって、街頭テレビで大盛りあがりだったんです。そして同じ年の12月22日に力道山vs木村政彦という凄まじい喧嘩ファイトで力道山が圧勝という謎めいた、ミステリアスなあの一戦があるわりですけど、ボクが生まれた年だから、当然街頭テレビも何も知らないんですよ。それでね、ちょうどボクが生まれる10カ月くらい前の2月に力道山&木村vsシャープ兄弟なので、親父に聞いたことがあるんですよ。「それ、街頭テレビで観たか?」って。そうしたら「観た!」って言うんですよ。新橋だか新宿だか渋谷だか忘れたけど街頭テレビで観たと。そのとき「あー、なるほど」と思ったんですよ。つまりそれを観て家に帰ってきて、興奮冷めやらぬうちにおふくろとヤッて俺ができたんじゃないかと。

——アッハッハッハ!　お父さんがカッカするままにお母さんを抱いたと（笑）。

古舘　これはプロレス実況をやり始めた頃に「ちょっと因縁めいてるな」と発想して作った話なんだけど、いちおう親父も「観た」とは言ってましたから。それで「セックスしたのか?」って聞いたら「そんなこと憶えてないよ」って言ったので裏が取れないんですけどね。でも、だいたい仕込んでから十月十日じゃないですか?　符号するんですよ。

——そういうことにしておきたいですね。

古舘　とにかく家にテレビが運ばれてきたときはときめいたもんですよ。まだ祖母の家にしかなかったものがウチにも来たっていう、これが始まりですよ。それからはもうテレビにかじりついていろんなものを観るんだけど、その中でも力道山の日本プロレスの試合が子ども心に強烈なんですよ。日本テレビ放送網、金曜夜8時はディズニーランドとテレコだったんですね。だからディズニーランドの1時間があると、プロレスは金曜夜10時半に下がるんです。それで次の週はプロレスがゴールデンタイムになり、ディズニーランドがなくなるんだけど、どっちにしても金曜夜8時が異常に楽しみで、ウォルト・ディズニーがワンショットで出てくるか、力道山がロングタイツで出てくるかの違いで、毎週めくるめくディズニーランドと日本プロレス。

——どっちにしても大好物という。

古舘　そのうちアントニオ猪木がジャイアント馬場と共に登場してくるんだから、プロレスは本当に小さいときから好きで観てましたね。それで中学3年間、ボクは千代田区神田の中学校に越境入学していたんですけど、いつも神田駅の北口で月~金は東スポを欠かさず買ってましたから。東スポ皆勤賞。中学のときには性の目覚めもありますから、プロレスの一面から女性のヌード写真が出てくるところまで東スポ丸暗記に近

い状態で、ほとんど教科書がわりでしたよ。

「中学のときはプロレスとオナニーと深夜放送の三本柱だけで生きていた気がする。そしてときどき吉田拓郎を聴きまくって」

――プロレスが大好き、先天的に得意なはずのおしゃべりも高校で爆発する。そこですでにひとつの方向に向かって行っているような気もするんですが、プロレス以外でお好きなものもあったんですか？

古舘　普通に相撲や野球が好きだったり、少年マガジン、少年サンデーといった普通にみんなが楽しむものも読んでいたし、友達と楽しく遊んでいたし、ドッジボールにも興じていたし、サッカーも下手ながらやっていたし、どれも普通にやっているんですよね。ただ、やっぱりプロレスが抜きん出ていましたね。それ以外は普通に好きなものがいっぱいありましたというだけです。

――やっぱりプロレスは特別な存在だったんですね。

古舘　でも中学2年か3年くらいに、いったんプロレスじゃなくてラジオの深夜放送にハマるんですよ。高校受験の勉強をしなきゃいけないのに、夜中じゅうずっと聴いているから親に怒られるんですけど。それで当時は「しゃべり手になりたい」と思った。だから最初から「実況アナウンサーになりたい」じゃなくて、ディスクジョッキーおよびパーソナリティと呼ばれる、自由にしゃべる世界に憧れだしたんですよ。そこでプロレスからいったん離れかけて、東スポはずっと買ってたくらいだからプロレスも大好きなんですけど、割合がちょっとラジオの深夜放送のほうに行った。TBSラジオの『パックインミュージック』、みのもんたをはじめとした文化放送の『セイ！ヤング』、ニッポン放送の『オールナイトニッポン』をそれぞれ交互に夜中じゅう聴いてた。いま思えば、中学のときはプロレスとオナニーと深夜放送の三本柱だけで生きていたんじゃないかっていうね。だいたい夕方から夜中が自分の解放区で、学校に行っているときはつまんないし、電車に乗って東スポを読んでいるときだけ楽しんでる。そして夕方から〝ボク時間〟が始まるんですよ。プロレスとオナニーと深夜放送、そしてときどき吉田拓郎を聴きまくるっていう。

――ときどき吉田拓郎（笑）。

古舘　そんな中学時代だったんですけど、とにかくしゃべり手になりたくなったの。でもプロレスが好きだから「プロレスの実況もしたい」っていうのがあるわけですよ。ラジオのパーソナリティに憧れていた反面、アナウンサーになりたいとも思ってるから、プロレスの実況も当然視野に入っていたんです。それで高校のときにプロレス好きが集まって、まだ学生プロレスやアマチュアプロレスの集まりが大学にもない頃ですよ。ボクは主にプロデューサー役と実況担当で、腕っぷしが強いヤツら同士で、かつプロレスの受け身の練習をやってるヤツらをメインイベンターに仕立ててね。

——やっぱりその頃からそっち側なんですね。けっして自分が闘うわけではないという（笑）。

古舘　そうなんですよ。場所はミッション系の学校（立教高校）なので、校内にチャペルがあって、そこの芝生の中庭で開催していました。ボクの中では十字架つきの後楽園ホール。昼休みにそこでやるんですよ。高校2年の話だから1個下の下級生も上の3年生とかも観に来るんです。1個上にルー大柴がいて1個下には佐野元春がいたりしたけど、みんなまだ誰も世に出ていないわけですよ。

——まだ何者でもない、ある日のチャペルプロレスの観客のひとりですね。

古舘　何者でもない高校生たちが学年を超えて集まってきて、いつしか何百人も観客がいる大興行になって、人が鈴なりになるんですよ。それで中庭に入りきれなかったヤツはチャペルに入るみたいな。

——ちょっとしたカラチのナショナルスタジアムですね（笑）。

古舘　それでもう調子に乗っちゃって、「このシリーズで辞めにしよう」って真剣に話し合ったの。「このままいくとケガ人が出る。明日が最後の興行だ」って言って「じゃあ、しょうがない。ファイナルは流血戦で締めよう」って打ち合わせをしてね、スズキっていうヤツが頭が固い大木金太郎役のモリシマっていうヤツの額をボールペンでガッと割るんですよ。それで本当に流血して、ノーコンテストになって終わらせました。

——え——！

古舘　学校に怒られるからマイクは使えなかったけど、当時は多少大声を出しても大丈夫な時代。そこでプロレス実況の素地ができたんですね。それで最後は流血戦まで行って、額をハンカチで拭きながら「俺ら、よくやったよな」って3人で池袋の喫茶店で打ち上げをやりましたよ。

——めちゃくちゃ楽しそうですね！（笑）。

古舘　かなりザックリいってましたから、モリシマが絆創膏を貼っていましたよ。そこでモリシマがスズキに「やりすぎだよ、おまえ！　ザックリいきやがって！」って怒った。「でも、どっかでうれしいんだろ？」って聞くと「プロレスラーになったみたいでうれしい」って（笑）。ザックリで痛くて嫌だし、バイ菌が入ったら困ると思ってるんだけど、レスラーに憧れてるわけだから流血するっていうのはうれしいんですよ。「そのとき、私はレスラーだった」なんですよ。ボクなんかも小学校3年くらいのときに家で秋田犬を飼っていたんですよ。親父が秋田犬が好きでね。いまは品種改良されていますけど、当時の秋田犬は家につかないで主につくんです。

——つまりお父さんにつく。

古舘　だから親父が仕事で出張に行っちゃうと家族の手には負えないから散歩は休んで、ご飯やフンの始末をするくらいだった。するともう犬はストレスが溜まってるんですよね。それでボクが一生懸命に秋田犬を撫でていたら、いきなり額をガブッと噛まれたんですよ。

——やっぱり額なんですか（笑）。

古舘　ボクなんか身体がちっちゃくてナメられちゃってるから、ガブッて噛まれて、いまでも憶えてるんだけど鮮血がバーッと流れるのを家のガラス窓に映して見て「あっ、吉村道明だ」ってうれしかったもん（笑）。犬は憎たらしいけど、その流血模様がプロレスという絵巻物、テレビという絵巻物の中に自分が迷い込んだという不思議の国のアリス状態。だから高校時代にしゃべりが爆発するわけだけど、実際にプロレスの実況をやって「しゃべりがうまい」って言われたんです。「うわー、やっぱ俺しゃべりがうまいんじゃん」と思って、大学時代もおしゃべりになるし、そしてアナウンサー試験に突入していく。わかりやすい人生でしょ？　なんつったってプロレス中継があるテレビ朝日に入ったわけだし、アントニオ猪木のプロレスが好きだし、プロレスがある局って日テレとテレ朝しかないわけですから。でもそこを狙っていたわけじゃなくて、とにかくアナウンサーになりたくて必死だっただけなんですよね。地方局も含めて受けていましたけど、もし全落ちしたら就職浪人しようかぐらいに思い込んでましたから。それがたまたま猪木の新日本プロレスの中継をやってる局に入れたっていうところで自分でジーンと来るわけですよ。

「猪木さんの非常識ぶりと波長が合ってきて、それから一気に調子づいた。楽しくてしょうがなくなるんです」

——運命に導かれたと感じたとしても、おかしくないですよね。

古舘　人生、何かの始まりのときとかにジーンとして感動の渦に巻き込まれるっていうこの狂った自意識。やっぱりこの自意識は持っていていいんじゃないのと思いますね。「思うは招く」という言葉もありますけど、強烈な思い込みが何かを招き、いま歳を食ってきて「思うは招く」が低下しているというか、免疫力が下がってるなとか、いましゃべりながらちょっと思った。ボク、もう1回立て直しますよ。人生ってこんなものじゃない、やっぱり実年齢は関係なく、思い込む自意識の狂った渦の中にいるっていうときも大事。だってテレ朝に入ったら本当にプロレス担当になったわけですから。ありえないですよ。

——しかも入社1年目からですよね。

古舘　喜びもひとしおなんですよ。やりたかったものに就かせてもらったときって戸惑いや不安よりも喜びが先立つじゃないですか。「プロレスについてまず勉強しろ」って言われたときはめっちゃうれしかったですよ。そのとき、小さい頃からのことが全部よみがえりましたから。本当にいいスタートでした。

——これはボクの自説なんですけど、古舘さんは1977年にテレビ朝日入社、プロレスの実況担当となるわけですが、その前年、前々年あたりからパンクロックというものがニューヨークやロンドンで沸き起こり流行となって。そのパンクロックのムーブメントに対する日本からの回答が古舘さんの実況だったんじゃないかなと思ってまして（笑）。

古舘　いやいや、それ、ちょっと凄すぎますよ。ボクはパンクロックはよくわからないですよ（笑）。

——それくらい革命的で衝撃的だったと思いますし、いま思えば古舘さんの実況って音楽なんですよね（笑）。今日、お話をうかがっていても音楽を聴いているような気分になっています。

古舘　でも、たしかにミュージシャンにプロレスの実況やプロレスが好きな人って多いんですよね。そういう意味では何か通底するリズムなのかビートなのかわからないですけど、村松友視さんが言うところの過激性、それを思想を持ってやったのが学生運動であり社会運動なんだけど、「過激」っていうのは学生運動に冠せられた言葉なわけですよね。60年代から70年代の学生紛争みたいなものに過激という言葉がつき、たしかにパンクロックもそういう意味では過激なところがある。常識を打ち破って、ちょっと横に逸れてもいいから、脱線してもいいからやってしまえみたいなね。やがてバブルの狂乱にまでつながっていく何か時代の空気はあったのかもしれないですね。風というか。

——まさにその時代の風が、古舘さんの過激な実況を誕生させたひとつの要因だったのかなと思うんです。古舘さんはパンクですよ。ただ、自説を自らひっくり返すようですけど、当初はしばらくオーソドックスな実況をされていたそうですね（笑）。

古舘　1977年から1979年の3年間ぐらいはね。最初のこのあたりはオーソドックスな実況をしなきゃいけないんですよ。いまは好き勝手にやってもいい部分もあるのかもしれないけど、昔は保守的でスポーツ実況なんか徒弟制度、封建制の時代でね、だからラジオは特にうらやましかったな。テレビに入って喜んでるくせにラジオもやりたいって思うのはないものねだりだし、それもエネルギーを燃やす都合のいい考え方だったなって思うんだけども、ラジオって画がないから野球の実況も相撲の実況もしゃべり続けるんですよ。一方のテレビというのはビジュアルだから「黙れ」って言われたんですね。「猪木の入場です、って言って黙れ」と。ボクはプロレス黎明期からの慣わしである「力道山、空手チョップ一閃～」でいったん黙って、「御大自らロープに飛んで～」で黙り、「ご覧の通りです」ってやらなきゃいけなかったんですよ。なので3年間は苦行というか、きちっと「ヘッドロックの体勢に入りました」って言って黙ってましたから。それをまたちっちゃい頃に結びつければ「おまえはおしゃべりじゃないから」と押さえつけられていたがゆえにしゃべりまくるようになった。ボクは〝麦踏みの理論〟って言ってるんだけど、踏まれるから、より芽吹こうとしてる。

――ああ、麦踏みの理論。

古舘　とにかく最初の3年間は「何をベラベラしゃべってるんだ！」って実況練習の段階で怒られましたから、麦踏みの理論のおかげなんですよ。そのあとに「ちょっと怖い人がいなくなったな。猪木プロレスにテンポを合わせてもいいかな」となった。だって猪木さんは常識からはみ出したプロレスばっかやるんだもん。異種格闘技戦しかり、ショーマンシップの極みとも言えるタイガー・ジェット・シン戦の腕折りとかも鬼気迫る形で、虚実の狭間で本当に無駄のない怖いところも見せる。まさにはみ出している格闘世界だったから「俺もちょっといいかな」みたいな。それと新日本プロレスのやり方は、藤波が出てくる、長州が出てくる、タイガーマスクが出てくる、そして前田日明が出てくる、武藤が出てくるっていう世界ですから、もうなんでもアリアリじゃないですか。その中で下剋上が起き、「俺は藤波の噛ませ犬じゃない！」と始まる。ボクもそんなリング上から影響を受けて、そのリングの風に合わせちゃったんですよ。それで一気に我慢していたものが爆発したというか。だからいきなり口調が変わるんですよ。まさにロックがパンクロックになって、ダーッとテンポを上げたんですよ。それを怒られながらもやってみたら、テレビ局の中では全然評価をされないんだけど外で売れ始めたんですよ。ボクが「闘いのワンダーランド」って言うと、すぐになんかの漫画で「闘いのワンダーランド、この札止めの蔵前国技館」とか描いてあって。

――引用されているわけですね。

古舘　それでちょっと調子づいちゃって、局の中では「おまえ、ちゃんとゆっくりしゃべれ！」「何をやってるんだかわかんねえ！」って散々言われるわけだけど、「タイガーマスク、四次元殺法」っていうのはボクなりにね、コールされる前にトップロープにパンと登ってね、小鳥じゃあるまいし、枝ぶりのいいところにちょんって止まるなんて人間としてありえない。それでまたストンと降りるわけじゃないですか。そっから三次元にプラス一次元を加えてるような凄い動きをするでしょ。それで「四次元殺法ー！」ってやってるんだけど、アナウンス部長とかに呼ばれて「おまえな、ここは三次元なんだよバカ野郎！放送事故になるぞ！」って言われて。そういう時代ですよ。でも、そういう封建的な抑え込みがあったからこそ「また言っ

てやろう！」っていう闘志が燃える。ありがたいんですよ。本当におかげさま。

――抑圧されたことに感謝ですか。

古舘　そこでね、「いいね！」なんて言われた日には調子に乗って乱れまくってたと思いますよ。押さえつけられるからささやかな革命を起こしたくなるでしょ。それで「わかりました！　以後気をつけます。三次元ですよね」って言いつつ、また「四次元殺法ー！」って言い訳をしたり、いろんなことをして工夫し始めるんですよ。楽しくてしょうがなくなるんです。だから猪木さんの非常識ぶりと波長が合ってきて、それから一気に調子づいたっていうのが実際のところですよ。

「何かのエネルギーが溜まっていてそれがバーンと破裂する。抑え込まれることのフラストレーションがないとチラチラと種火が起きてはこない」

――ボクはタイガーマスクがデビューしたあたりから毎週『ワールドプロレスリング』を観るようになったんですけど、観始めてからさほど時間が経つことなく、子ども心に「リング上と実況が五分だ」っていうことに気づきました（笑）。

古舘　ああ、そうですか。

——プロレス中継がこんなにも自分を楽しませてくれているのは、どうやらこの実況の人だと（笑）。だから古舘さんのこともプロレスラーと並列のヒーローだったんですよ。

古舘　その当時は声ばっかりであまり放送席は撮らなかったけどね。それもよかったんですよ。「1時間じゅう叫んでるヤツは誰なんだ？」と（笑）。いま思うと、そういうのも全部よかったのかもしれないですよね。

——でもいつからか、古舘節が乗ってくると試合中なのに画面に「実況・古舘伊知郎」ってテロップ速報みたいに入るようになりましたよね。

古舘　それ、憶えてますよ。

——あのテロップが出た瞬間、こっちはまた余計に興奮するんですよ。「来るぞ、来るぞ！」って（笑）。

古舘　あれはね、当時ＴＢＳの『3年B組金八先生』が視聴率30パーを超えてましたよ。ボクが実況をやり始めた70年代後半は、猪木さんの奥さんだった倍賞美津子さんも出てたのかな。とにかく『金八先生』にやられまくって『ワールドプロレスリング』の視聴率は低迷していたんです。それが80年代に入って、まさしくタイガーマスクが出始めた頃からうなぎ登りに数字がよくなるんですね。それで20パー超えみたいに盛り上がっていくんですけど、それで「実況・古舘伊知郎」って意味もなくテロップに入れてくれるようになったのは

1981、1982年くらいからだと思うんですけど、それは岡田一成さんというチーフディレクターの判断なんです。けっこう厳しい人でしたけど、ボクのことをかわいがってくれて「おまえのしゃべりはおもしろい。おまえがガーッといい感じできたときに〝実況・古舘伊知郎〟って入れてやるよ」って言って入れてくれるようになったんですよ。もうそれがめっちゃうれしくて、また饒舌になるわけですよ（笑）。

——古舘さん自身もあのテロップで興奮していたんですね（笑）。

古舘　もうしゃべりすぎるんですよ。だから横浜文体の猪木vs藤波だったかな、一度プロレス実況を辞めてから復帰のときだったかもわからないけど。

——1988年の8・8、60分フルタイムの試合ですね。

古舘　そうです。そこで「藤波、猪木を愛で殺せ！」みたいなことを言ったりね。そうそう、常におもしろいことをしゃべってやろうっていうきっかけになったのは、そうやって実況担当とかをテロップで出してくれたからなんです。凄い乗っちゃってもう止まらなくなりました。ボクが「かつてプロレスから学んだことは大きかった」って言うと、中継車の岡田さんが「おっ、名調子がくるか？」ってなってテロップを入れてくれる。それはプレッシャーでもあり、煽りでもあり。ボクはレスラーを煽り、ファンを煽りながらもディレクターに煽られていたと。中継車煽りなんですね。

——停車しながらも煽り運転をされていた（笑）。

古舘　だから「かつて私はすべてをプロレスから学んだ」って言ったら「実況・古舘伊知郎」とテロップが入る。こっちは調子づく。「かつて三島由紀夫の市ヶ谷駐屯地での割腹自殺もありました。そして全共闘の運動もありました。あのベビーブーム、団塊の世代のおねえちゃんからビートルズやローリング・ストーンズも教わりました。すべてを教わったお下がり世代ではありますが、何もよくわかっていなかったということをそのあとに思います。すべてはプロレスからもらったー！」とかしゃべって、そのあとにバーッとスライディング・レッグシザースが来たから「効いてますねー、山本さん！」って言うと、「そうですよッ！　三島由紀夫も何も全部効いてますよッ！」って小鉄さんが合わせてくれるんです（笑）。

——アハハハハ!!　ストッパーがひとりもいない放送席！（笑）。

古舘　帳尻を山本小鉄さんに持っていくっていう大変失礼な暴れっぷり。本当にいま思えば小鉄さんのおかげですから。「そうですよッ！　三島由紀夫も猪木もおんなじですよッ！」みたいなことを言ってくれてね。それでメロンの名産地だかの地方での実況のときは、マスクメロンの名産地だってことばっか言ってね、「毛細血管から何から、動脈から静脈から浮き立ってくるかのようなレスラーの筋骨隆々の身体とこのマスクメロン！　マスクメロンの葉脈のようなあの筋立った感じと共通点があります！」とか言って、「さあ、ここからドロップキックに行った！　どうですか、山本さん！」「いや、ここはメロンの名産地ですよッ。間違いないですよ、古舘さんッ！」ってそんなんばっか（笑）。だから調子づいたんですね、本当に。縦横無尽にしゃべらせてもらいましたよね。いまこうやってお話をさせてもらっていて初めて、何回かの人生の節目、節目で自分なりのささやかな爆発があったんだなと気づきましたよ。何かのエネルギーが溜まっていてそれがバーンと破裂した。だから抑え込まれるということは凄く大事なんだよね。抑え込まれることのフラストレーションがないと、チラチラと種火が起きてはこないですよ。それがウワーッとあるときに出るんです。プロレスの実況でテンポが変わったときっていうのはそういう感じでしたね。

「フリーになったのは自ら辞めていくようなストーリーを作っていたのかもしれない。だんだんと自分の物語をバブル化していった」

——1984年6月にテレビ朝日を退社してフリーになられるわけですけど、やはりその行動もご自身でどこかプロレス的だなという感覚はありましたか？

古舘　いま思えば当たり前なんですけど、自分を猪木さんの物語とちょっと重ねて感化を受けたっていうのは凄くありますよ。いま猪木さんが病と闘っている中でつくづく思うんだけど、あの人はやっぱりプロレスに市民権を与えたかったわけじゃないですか。そもそもエリートのジャイアント馬場さんが横にいて、馬場さんは力道山さんに殴られなかった。猪木さんはブラジルでスカウトされて来て、馬場さんと二枚看板、ＢＩ砲になっていくんだけど、その前は力道山の付き人をやり、靴を履かせようとしたら毎日のように靴べらで引っ叩かれて殴られたりっていう連続で。でも猪木さんはそれが嫌じゃないんですよね。「殴られるのなんかべつに」っていう感じだけど、「馬場と闘えば勝てる」とか「なんで、俺だけ」という雑草の論理があるわけじゃないですか。さらにプロレスは鬼っ子であると。八百長だとかショー、見世物だって言われて蔑視されている。その市民権がないってことに対する強烈な怒りがあるんです。ボクはそれに影響を受けてますから、やっぱり当時、金曜夜8時のゴールデンタイムで視聴率が20パーを超えて「たいしたもんだ！」って言われてるけど、アナウンサーの中での自分の地位は高くないわけですよ。

——局内での立ち位置が、世間におけるプロレスの地位と似ていたというか。

古舘　きちっとニュースを読む正統的なアナウンサーにしてみたら、「古舘のあのしゃべりは邪道もいいところだよ」って。

たしかに邪道なんです。それがプロレスと相まった。だから頭にきて、アナウンス部の中のロッカーがあるところに後楽園ホールの興行ポスターを貼ったりするんです。そうすると次の日には剥がされて相撲の番付表が貼られている。やっぱり『大相撲ダイジェスト』のほうがいいっていうね。もうさらに頭にきたから長州力のポスターを天井に貼ったこともありますよ（笑）。

——剥がせるものなら剥がしてみろと（笑）。

古舘　でも、そうして自ら辞めていくようなストーリーを作っていたのかもわからないですね。

——あっ、なるほど。自作自演的にですね。

古舘　「やっぱり市民権を得てないな、俺」みたいな。やっぱりプロレスの猪木物語と古舘物語を重ねているんですよね。あとは外のほうが評価されてるから、外の水のほうが甘く見えたっていうのもあるし、あけすけに言えばカネを稼ぎたいとか、もっと活躍をしてプロレス実況以外のこともやりたいって調子づいた欲も丸出しになっていた頃だったと思うんです。それでテレ朝を辞めるわけだけど、そのときに退職願を書いて、さすがに「願」じゃ弱くて、いま俺は外では評価されてるから「おまえ、もうちょっと待て」とアナウンス部長の机の引き出しの中で保留になるかなと思って、もう一度書き直して「退職届」にしたんです。それでちょっとドキドキしながら「部長、唐突で大変恐縮ですが、私は辞めさせていただきたいと思います」って言ったら「辞めんの、おまえ？　食っていけないよ、おまえ」って言われて「いや、もう決意しましたから」って言ったら、「そうか、大変だな。がんばれよ」って保留されなかったんだから（笑）。

——ええーっ！　たったそれだけのやりとりですか。

古舘　だから「あっ、こんな程度の評価なんだな」と思った。でもこれがまたね、のちの物語に効いてくるんですよ。だから当時のアナウンス部長のおかげですよね。まったく保留されなかった、こんなふうにしか思われてなかったんだっていうことで「フリーになって絶対に見返してやる！」って思うんだから。だからボクは都合がいいんですよ。本当にみんなのおかげでやってこれた。

——社内と世間の評価にそれだけの隔たりがあったんですね。ちょっと驚きです。

古舘　世間は評価してたっていうか、「アナウンサーのくせに変なしゃべりをするヤツがいる」っていうのでおもしろがってくれてたんですね。だから雑誌から取材のオファーが来ると、テレ朝の広報が「なんかおまえのところに取材が来てるけど、やる？　受けるなら社外業務届を書けよ。なんでおまえのところばっか来るんだろうな」みたいなことを言われたくらいなんで。そんなもんだったんですよ。世の中にはプロレスを観てない人がいっぱいいるわけだから。だけど、だんだんと自分の物語をバブル化していったのも事実ですね。しかもフリーになったら世の中全体がバブルですから、ちょうど言葉を連ねていく舌先バブルもウケたんじゃないですか（笑）。

——そこも時代の風ですね。調子づくのを止められない世の中になっていたという（笑）。

古舘　本当にそうだったと思いますよ。

「昔の成功法則をただ使い減らそうとすることがいちばんダメなんです。だから自信があるしゃべりを完全に無能力化しなきゃいけなかった」

——ボクの個人的な認識では、古舘さんは「実況の人」という印象があるんですが、のちにF1のおもしろさ、楽しみ方も実況を通じて教えていただいて。それから『報道ステーション』のメインキャスターを12年間やられますけど、失礼ながらボクはあの番組をあまり観ることがなくて、というのは古舘さんが常に浮かない顔をしているような、全然笑っていないことで暗い気持ちになるからだったんだと思います。だから「古舘を俺たちに返せ！」というような感情もありました。

古舘　それはニュース番組ですから、政治経済問題、時事問題、事件、東日本大震災、いろんなことが起きますよね。それに対して、じつは観てる人にも笑顔ってないんですよ。ヘラヘラと笑いながら憩いのひとときとしてニュースを観る人はいないんです。ビールを飲みながらテレビのキャスターに向かって文句を言ったりはしていても、1日のまとめとしていまみたいにネットでニュースを全部たぐるっていう時代じゃないから。夜10時台のニュースを酒を飲みながら観て「明日もがんばらなきゃ」っていうときに、キャスターを罵倒するとか、怒るとか、「そうだ、そうだ！」って同意するとか、そういう娯楽ではあるんだけど、ひとりの人間の中にニュースは真剣に観るし、バラエティのときは楽しく観るしっていう部分があるんですよ。

——たしかにそれぞれに目的がありますよね。

古舘　だからだんだんわかってきたことがあって、さっきF1実況って言ってくれたけど、プロレスの実況を辞めてから何年かして1989年にF1の実況をやることになったとき、どこかでF1をナメてたんですよ。「プロレスの実況でウケた俺がやればいいだけだ」と一発目の1989年開幕戦、ブラジルGPをやるんですけど、そこでプロレス流儀じゃないけどバーッとさっきのマスクメロンのようなわざと脱線したことをしゃべったんです。そうしたらそこで滅多打ちにされたんですよ。フジテレビに抗議の電話が300本かかってきた。「古舘！てめえのトークショーじゃねえ！」「F1のエの字も知らないくせに！」って罵倒されたんです。で、そこで思い知るんです

よ。「あっ、F1村というところにきちんと住民票を移さないと認められないな」って。「プロレスの実況で培ったノウハウだけでやっちゃダメなんだな」と。同じ実況でペラペラしゃべるという形態は変わらないけど、メソッドや作法は全然違うんだなと。そこからはもう生まれ変わるぐらいの気持ちになってやらないとお客さんは認めてくれないと思ったから、モータースポーツを猛勉強をして、F1に沿ったオーソドックス実況に変えたんです。そうこうしてるうちに1年半くらいでようやく認知されて。

——そんなに期間があったんですね。

古舘　それで結局6年間やらせてもらったんですけどね。だから歌番組（『夜のヒットスタジオDELUXE』）の司会のときもそうなんですよ。いきなりプロレス流儀でやって撃沈するわけです。いつも後悔するんです。いつも反省するんです。だから『報道ステーション』のときもそうですよ。「ちょっと報道番組をぶっ壊してやる！」ぐらいの気持ちで乗り込んだんだけど、もうそんなの全然通じないですよ。さっきも言ったけど、ひとりの人が違うリアクションをするんだから。ボクのプロレス実況をおもしろがってくれていた人が「プロレス実況じゃないんだからちゃんとやれ！」になるんです。そういうことでクレームと散々向き合わなきゃいけなくなるし、それでまた「生まれ変わらなきゃいけない」と。でもこれは誹謗中傷も含めたみなさんのおかげで、とにかく生まれ変わらないと人は認めてくれないです。昔の成功法則をただここで使い減らそうとすることがいちばんダメなんですね。自分の得意技を封印する。当時の北朝鮮の「核の無能力化」っていう言葉が定着しましたけど、自分が得意だと思い込んでる自信があるしゃべりを完全に無能力化しなきゃいけない。そこから報ステをちゃんと真面目にやり出すんです。だから笑顔もなくなり、つまらないし、昔のボクのしゃべりをおもしろいと思ってくれていたプロレスファンがそっぽを向き始めるんですけど、「それもしょうがない」と思ったから。

——ボクもそのひとりだったということですね。

古舘　過去を中途半端に引っ張って、「俺は俺だから」っていうのは通じない。そのぐらい厳しい報道の世界でした。だからたしかに全然笑わなくなるんですね。でも「生まれ変わらないといけない」って本気で考えていたのも事実ですから。だけど、それからまた失敗するんですよ。報ステが終わる２０１６年3月に辞めて、それで今度は爆発する番じゃないですか。爆発してきたときは運良く成功してきたって言ったけど、世の中そうは甘くないですね。「いままでずっと抑え込んできたから、これからはバラエティしゃべりをやれるんだ」と思うじゃないですか。でも時代は移ろっているわけです。報道に真剣に打ち込んだ12年間は、普通の絶対時間が流れていたら30年くらいのハイテンポで世の中が進んでいたんですね。完全な浦島太郎ですよ。

――それが実感としてあったんですか。

古舘　だってフジテレビの大きな番組（『フルタチさん』）も潰れちゃったし、それは自分の至らなさだし。そのときは中途半端に報道パターンをバラエティに持ち込もうと思ったけど、そんなことは無理なことなのに浦島太郎だから、自分の中では30年も経ってしまったバラエティがもう違う時代に入ってい て、ネットの世界になっていた。そんなものもわからなくて報道で世界のいろんな出来事を伝えていた。灯台下暗しですよ。それでも自分はバラエティに復帰できるなんて思って「また昔のパターンで爆発だ」って、そのときだけは許してくれなかった、神様も（笑）。そこで思い知るわけですよ。自分が歳を食ったこととか、当たり前なんですけど報道の12年間は重たいなっていうこととかをね。昔の10年といまのハイテンポなネット社会、デジタル社会の10年は違うなって。それで今度はまた報道とは別の勉強をし直して、それでもう66歳になっちゃったわけです。

――古舘さんのこれまでのキャリアは、すべて地続きで来たという感覚ではないわけですね。

古舘　全然そうじゃないです。

――その都度、住民票を移しっていう。

古舘　もちろん、「恵まれてるね」って言われるとその断面は大きくあるわけだし、「おまえも苦労してる部分は多少あるんだね」って言われたらその通りだし、いろいろですよ。けっして順風満帆がずっと続いたわけでもなく毎回打ちのめされてますよ。みんな「これが当たりましたね」「紅白の司会もやりましたね」とかっていいところをピックアップしてくれるんですけど、その狭間に失敗して潰れた番組も多数ある。何度か傷つきながらもギリギリでやってきたんですよ。フリーになってからは特に必死です。けっして成功パターンばっかじゃないですからね。

「世の中は虚実の連続で本当のことなんか政治模様でもありゃしない。我々はファンタジーの中を生きているわけですよ」

――30代とか40代の頃と比べて、年齢やキャリアを重ねていくうちに失敗に対する耐性が強くなったりはしないんでしょうか?

古舘　あまり変わらないですね。

――面の皮が厚くなって、あまり気にならなくなるようなことはないんですね。

古舘　そのときどきで子どものように思い知ってますね。それはあまり変わらないです。

――失敗は失敗として、きっちりとダメージを喰らっちゃうわけですね。

古舘　そこでどこかいやらしく、そういう部分の虚実というか、「子どものように喰らわないといけないんじゃないか」っていう自分。「本当に思い知って、真面目に考えて、ガチガチにがんばろうと思わなきゃいけないんじゃないの」っていうふうに無理やり思い込ませてるところもありますね。そうじゃないと変われないと思うし、どこかでやりやすいほうに流れちゃうのはいけないと思っている向きもありますよ。ただ変わったのは、やっぱりそこは66年も生きてきますと面の皮が厚くなったつもりはなくてもちょっと訳知り顔に思っちゃったところがあって、「そう簡単には生まれ変われないな。培っちゃったところがあるから」とか「自分にはこういうわがままなところがあって、変わらなきゃいけないんだけど変われないよな」っていうふうに、自分のお里を知っちゃってるところもあるんです（笑）。だから昔ほど「こういうふうに生まれ変わろう！」ってできなくなってるところもあるかもしれない。やっぱりそのへんは老いなのかなって思いますね。でも基本的にはプロレスから培ってきた、そして新日本プロレスの実況をやってきたっていうメンタリティはありますよね。

――プロレス流のメンタリティだと、ポジティブな意味で「いまは全力で負けに行くとき」っていう意識が働いたりもしますよね。

古舘　そうそう。そういう負けのセンチメンタリズムみたいなのもあるんですよ。猪木さんはそういう自分の弱さをプロレスの中でもわざと見せましたしね。

――古舘さん、数ある娯楽の中で、どうしてボクたちはプロレスじゃなきゃダメだったんでしょうか？

古舘　これは散々言われてることだけど、「ボクシング、相撲は真剣勝負」「プロレスは八百長」っていうふうに分けられていて、プロレスが蔑視される、偏見で見られる中で、なぜこっちのほうがボクはおもしろいと思ったのか。それはのちに村松友視さんと話したりするうちに言語の輪郭が色濃く出てくるんだけど、まだあやふやでクッキリしていないときは、なぜこんなふうにショーだとかいろいろ言われるプロレスというものに魅せられているのか、自分ではわからなかったんですよ。

――説明をつけられなかったんですね。

古舘　そう。言葉を持っていなかった。だけどボクは村松さんで目覚めましたね。「あっ、虚実なんだ」って。たしかにプロレスには1試合の中に虚と実があるじゃないですか。ちょっと見世物っぽい、いまで言うショービズっぽい、エンタメっぽい虚がある。その虚と虚の間に実があったりする。本当に喧嘩になりそうになったり、なってしまったり、ならなかったり。

「なんであんなにファンタジーだったんだろう?」と思うと虚実なんですよ。それは大人になってわかるんです。ボクは高3くらいから大学、社会人になってからも日活ロマンポルノが大好きだった。「なんで好きなんだろう?」って。いまのアダルトビデオよりも全然好きなんですよ。それもやっぱり村松さんの言葉を当てはめれば虚実なんですよね。ロマンというのは虚であり、ファンタジー。いまのAVみたいに本番とかもしないわけだし、すべて前バリをして寸止めにしてたりってちょっとプロレス的でしょ。でも本当のこともあって、たった1日半で撮るとか、低予算で撮らなきゃいけないとか、女優さんのみならずスタッフもみんな苦しかったり、大変なこともあったりするわけじゃないですか。そこにリアルもあるし、実もある、しかしセックスにおいては虚である。「あっ、だから"ロマンポルノ"なんだ!!」っていう解釈をボクはあとでするわけですよ。

――ロマンというのは虚であり、ファンタジーだから。

古舘 プロレスにも虚実が入り乱れていて、禍々しかったり、淫靡だったり、明るかったり、ショーマンシップだったり、本当っぽかったり。プロレス実況をやるようになってからはいろんなセメントの試合も観てきた。やがて大人になって、いま60半ばを超えて思うこと、それって世の中そのものじゃないですか。この『KAMINOGE』という本にもつながるけど、世の中は虚実の連続で本当のことなんか政治模様でもありゃしない。経済だって先物で動いてるってことはいまの実体経済ではないわけで、経済成長という神話を作ってそれで動いてる以上は、我々はファンタジーの中を生きているわけですよ。だからいまの世の中はリアルじゃない、バーチャルやファンタジー、つまり虚のほうがむしろ多いじゃないですか。マネー経済9割の実体経済1割で動いてるわけですよ。

「『今日をもって我々はアントニオ猪木から自立しなければならない』って言ったのは間違っていました。反省しなきゃいけない」

――そうですよね。

古舘 だからプロレスっていうのは「世の中は虚実だ」っていうことの教科書です。政治家の言うことに本当なんかありゃしない。「専門家がおっしゃることに耳を傾けながら、総合的に俯瞰して勘案してまいりたいと思うと同時に……」って、誰も自分の言葉なんか言わないんですから。それは虚ですよ。そして国民もそれをわかった上で聞きながら批判したり、賛同したりして動いていく。なんかちょっと話が殺伐としちゃうけど、世の中模様すべてをプロレスはあのリングで表していたなって逆算で思うんですよ。そこに一石を投じて火をつけたのは村松さんでしょう。村松さんの『私、プロレスの味方です 金曜午後八時の論理』が出たのが１９８０年。それに我々は飛びついて多大な影響を受けたし、猪木さんは真っ先に飛びついた。「自分が仕掛けてること、目指してることをこの人が言語化したな」と思ったと思うんですよね。去年（２０２０年）、猪木さんと村松さんを含めて数人でメシを食って酒を飲んだんです。楽しかったですよ。猪木さんとは時折会ったりしてるんだけど、村松さんと会ったのは何十年ぶりかだったんです。それでボクがいちばん遅れてお店に入って行ったら、村松さんの横に席を作ってくれていて「古舘さん、古舘さん、ここに座って」って言われて、ボクが「あー。村松さん、それでね」って話し出したら、村松さんも「古舘さん、それでね」って話し出したの。さすが村松さんは作家ですよ。それから3分くらい経ってから「古舘さん、なんで何十年ぶりかなのに『それでね』って話を切り出して、キャッチボールができるんだろうね」って。

――いつからの、なんの続きなんだと（笑）。

古舘　だからふたりの間では猪木さんを軸にした物語がずっと続いちゃってるんですよね。まるで1週間前に会ったばかりの人のように「それでね」ってボクが言って、村松さんも「それでね」と言った。それでまた話をしていたら、これは何十年ぶりじゃない、そういえば1回会ってるっていうことに気づいたんです。それは報ステの放送後、（六本木の）芋洗坂で夜中に数人のスタッフと飲んでたら村松さんとすれ違っていたんです。そのときのことを村松さんが憶えていて、ボクが先に道の反対側を歩いてる村松さんを見つけたんですって。「村松さーん！」って。それで「あー、古舘さん！」って言われて、お互いに酒が入っていたと思うんですよ。そこでボクが「この頃、会ってます？」って言ったら、村松さんが「この頃、会えてないんですよ。それじゃあ！」って言って別れたの。それは猪木さんのことなんだけど「猪木さん」という主語を除いてるんですよ。そのことを村松さんが指摘したの。

――ああ、凄い話ですね。

古舘　ずっと物語は続いてるし、村松さんとの付き合いは猪木さんが軸だから「猪木さん」っていちいち言わないんですよ。

――先ほどのお話の中で「住民票」という言葉が出ましたけど、やっぱりどこまで行っても「本籍」はプロレスやアントニオ猪木のままなわけですよね。古舘さんは１９９８年4月4日に行われた猪木さんの引退試合のときに実況をされて、試合後のセレモニーのときに「我々は今日をもってアントニオ猪木から自立しなければならない」とおっしゃいましたよね。

古舘　言いましたね。

――だけどいま猪木さんは病院で闘病中で、ここでボクたちはいつ以来になるんでしょうか、アントニオ猪木のことを毎日考えているんですよ。

古舘　まったくおっしゃる通りです。ボクもまったく同じですね。ただ、これも猪木さんのひとつのギミック、仕掛けだというふうに解釈してます。だってギミックだと思っていい人なんだもん。何も失礼じゃない。そうですね、やっぱりボクは間違っていましたよ。あの東京ドームにマイケル・ジャクソンのライブを超える7万人以上の人が入ってしまったという驚異の猪木引退興行。そこで「今日をもって我々はアントニオ猪木から自立しなければならない」って言ったのは間違えですよ。反省しなきゃいけない。自立できていないし、卒業させてもらっていないんです。だって今回、あの人自身もアントニオ猪木から卒業していなかったっていうことじゃないですか。「いま私は闘っています。私自身という敵と闘っています」っていうテロップを入れてリハビリをしている姿を動画で見せるわけじゃないですか。猪木寛至だったらべつにあれを見せなくてもいいんですよ。そうじゃなくて、あの人はまだ全身アントニオ猪木のままなんです。そこに猪木さんも戻ったんじゃないですか？

――あっ、我々と同じく、猪木さん自身も「アントニオ猪木」に回帰したと！

古舘　昨今は永久エネルギーだったり、いまは水プラズマをやられているけど、何十年も前から会ったときには「もうプロレスはいいんだよ」って言っていたことが何回もあるわけだから。だけどやっぱり卒業できていないんですよ。ということは、こっちも卒業できていないんですよ。それがさっきおっしゃったように1日1回はかならず猪木を想うじゃないけど、それが猪木さんの仕掛けでありね。プロレス好きの人にはわかるけど、プロレスが嫌いな人とかにはこの仕掛けはわからない。こっちがいくら「淫靡な、なんとも言えない波動が通じるんだ」とかって言っても「何を言ってるんだ？　勝つか負けるかだろ！」って、すぐにそっちのスポーツスピリットのほうに行くからプロレスのなんとも言えない虚実のことがわからないんだと思うのね。でもボクはそんなプロレスが大好きだった。そして、それらはすべてアントニオ猪木から教わったっていうことですよね。

古舘 伊知郎（ふるたち・いちろう）
1954年12月7日生まれ、東京都北区出身。フリーアナウンサー。古舘プロジェクト所属。
立教大学を卒業後、1977年にテレビ朝日にアナウンサーとして入社。同年7月に新日本プロレスの実況中継番組『ワールドプロレスリング』担当に配属され、8月19日放送の越谷市体育館での長州力VSエル・ゴリアス戦で実況デビューを果たす。以降は「過激実況」「古舘節」と形容されたハイテンポな語り口と独特な言い回しで絶大な人気を誇り、アントニオ猪木および新日本プロレスの黄金期を支える。1984年6月にテレビ朝日を退社してフリーアナウンサーに転身。1987年3月に『ワールドプロレスリング』の実況を勇退する。1989年からフジテレビのF1放送や競輪における特別競輪（GI）決勝戦の実況中継などで人気を博し、『夜のヒットスタジオDELUXE』や『NHK紅白歌合戦』の司会を3年連続で務めるなど司会者としても異彩を放ち、NHKと民放キー局5社ですべてレギュラー番組を持つこととなる。2004年4月より『報道ステーション』のメインキャスターを12年間務め、現在も自由なしゃべり手として活躍し続けている。自身のYouTubeチャンネル『古舘Ch』では、レスラーやプロレスにゆかりのあるゲストを迎えて対談企画を配信中。

TARZAN by TARZAN
ターザン バイ ターザン

TARZAN YAMAMOTO

INTERVIEW SERIALIZATION

はたして定義王・ターザン山本！は、ターザン山本！を定義することができるのか？「死亡説から猪木さんのアングル、物語が始まったんですよ！単なる正義感や倫理観で見たらなんにもわからないけど、世の中の価値観や道徳とは真逆のところを行っていたのがプロレスなわけですよ！その真逆のところに真実があるんだよ!!」

VOL.021

絵　五木田智央　聞き手　井上崇宏

第二十一章

アントニオ猪木信者

「警視庁から新聞さんに問い合わせがあったことを知った瞬間に、さらに妄想のスイッチが入ったわけですよ！」

――番外編が続きますけど、今回は現在闘病中のアントニオ猪木さんについてです。猪木さんは難病指定されている「心アミロイドーシス」という心臓の病気にかかっているんですけど、いま入院しているのは以前から悪くしている腰の不調が原因だと言われています。それを山本さんが3月8日に「猪木さんが亡くなったという情報は3月1日、午後、私のところにも入って来た。もちろん確証ではない。」とツイートをしたことで大騒ぎになったわけですよ。

山本　それはまさに3月1日の午後、俺の携帯にショートメッセージが届いたんですよ。「ご無沙汰しています。突然で申し訳ございませんが、一般マスコミの方から猪木さん死亡の確認がありました。本当だったら大変です」と。それで送ってきた相手の電話番号が表示されてるんだけど、誰なのかわからないわけ。

――連絡先に登録していない人からだったんですね。

山本　そこで折り返し電話をしたらわかるんだけど、俺はそれをしなかったわけですよ。変なのを送ってくるヤツがいるなと思ってスルーしてたんよ。で、そのメッセージが入ってきたのが18時21分なんですよ。それで俺は井上くんにＬＩＮＥしたんよ。

――こっちには18時26分に来てますので5分後ですね。いきなり山本さんから「猪木さん、大丈夫？」ってＬＩＮＥが来たので、何を言ってるのかなと思って。そうしたら、その直後にボクのところにも知り合いから電話が来たんですよ。「猪木さんが亡くなったらしいですよ」って。

山本　だからその日の夜に井上くんから連絡をもらって、「たしかにそういう話は出ているけど、藤波（辰爾）さんが猪木さんに電話をしたら、猪木さん本人が出たそうです」という情報を教えてくれたから「ああ、よかったな」となったわけですよ。

――そうなんですよ。あの日の数時間は新聞社とか一般のマスコミも事実確認に奔走していたんですよ。

山本　でも、そこで俺はどう判断したかって言うと、ここからが問題なんですよ。俺は『週刊ファイト』の井上義啓編集長の呪いにかかったんよ。いまは亡き『週刊ファイト』の名物編集長、通称Ｉ編集長。あの人がやってきたことっていうのは〝脳内プロレス〟なんですよ。現実よりも自分の妄想のほうが上にあるという考えで活字プロレスを作ってきた人なんですね。その証拠に猪木さんのＩＷＧＰ舌出し事件が起きたときも、「あれは本当に伸びて舌を出していた！」と言い張ったわけですよ。そのI編集長の呪いにより、俺はどう考えたかと言うと、藤波さんが猪木さんと電話で話したっていうことを聞いた瞬間に自分の脳内妄想が爆発したんだよ！　つまりその話自体、北朝鮮とかがさ、偉い人が亡くなったときにあえて隠蔽するために動画や写真を流したりするでしょ。「あの手を使ったのかな」とそういうふうに判断したんですよ。

――誤報だということを疑ったと。

山本　自分の頭がそういうふうに振り切っちゃったわけ。それは倫理的な問題とかは関係なしにだよ？　そういう手を使って猪木さんの死が隠蔽されているというほうがドラマチックだなと、俺はプロレス者として考えてしまったわけですよ。そう振り切ったほうが猪木さん的な物語が大爆発すると思った！　それで俺は個人的にそっちのほうに針を向けたんですよ。とにかく俺はハッキリとした事実をまだ掴んではいない。だからいろんな情報をスルーして3月1日の月曜日は終わったわけですよ。

――いや、3月1日の夜に猪木さんの公式が動画をあげたんですよ。

山本　ああ、猪木さんがリハビリ治療をされているんだよね。あれを観たら、あまりにも猪木さんの顔色が悪くて、右手も左手もちゃんと上がっていない。猪木信者としては、ああいう動画は見せてほしくないし、まわりのブレーンの人たちもあれは取り上げるべきじゃないと俺は思ったわけですよ。あまりにも猪木さんが元気なさそうだから、本当なら伏せなきゃいけない現実を出してきたわけでしょ。ただ、あれを出したことで猪木さんは生存しているっていう証明になったんだけど、俺は「これも隠蔽工作なんじゃないかな」と思ったんだよね。

――そういう見方をしたら、あれが最新の動画だとは証明できないわけですからね。とにかく、あれはあの日に流れた誤報の火消しのために出したんだと思うんですよ。

山本　そうだろうね。でも、そんな感じで俺の中ではずっと半信半疑なわけ。どっちが正しくて、何が事実なのかがわからないままでいた。でもそれについて俺は何も語る必要がないから、2日の火曜日もじっと過ごしていたわけですよ。それで3日の水曜日にリアルジャパンが後楽園ホールで興行をやったんだよね。俺は最近行ってなかったんだけど、関係者から「ぜひ来てください」って熱心な誘いが来ていたので、これは行かないと礼儀に反するなと思って、俺は後楽園に行ったんよね。そうしたら試合前に新間（寿）さんと佐山（サトル）さんがリングサイドに現れてトークをし始めた。そこで新間さんが「じつはきのう、警視庁のほうから連絡があって『猪木さんが亡くなったのでは？』ということを聞かれた」と。警視庁が新間さんに確認の電話をしてきたって言うんだよ。それを聞いて俺はビックリしたわけですよ。それで新間さんはすぐに知り合いのマスコミに電話で確認をしたら、「そんな話は聞いていないですよ」っていう形になったと。そして新間さんは猪木さんに対する自分の想い、がんばってほしい、猪木さんに会いたいっていう気持ちを佐山さんとふたりでしゃべったんですよ。

——警視庁ですら誤報を掴まされていたんだから、そりゃ騒ぎになりますよね。

山本　だから俺はその「警視庁から新間さんに問い合わせがあった」ということを聞いた瞬間にさらに妄想のスイッチが入ったわけですよ！　いかにも信憑性があるじゃないですか。しかもそのことを新間さんが公の場で言ってしまった以上は「裏では猪木さんが亡くなったという情報が蔓延していますよ」ということをみなさんに知らせるべきだと、俺はそう思ったわけですよ。だからまず「新間さんがこういうことを言いましたよ」っていうのをツイートして、そしてさっきの「それは3月1日に私も聞いたんですよ」っていうことをツイートしたわけですよ。それがもう決定的な事件になっちゃったわけよ！

「本音を言えば、俺に対して怒り狂ってる連中に『本当に猪木イズムを理解しているの？』って思ったんよね」

——ツイートするまでの流れはわかりましたけど、やっぱり凄く言葉が足りなかった気がするんですよね。言いっぱなしというか、含みがあるというか。

山本　俺としては「そういう情報がいま業界に蔓延してますよ」っていうことを知らせたかっただけなんですよ。ただ、みなさんの間では「ターザン山本が確証も取れていないのに、猪木さんが亡くなったようだという情報を流してる」っていうことにすり替わっちゃって、そのあと俺は総攻撃を受けたんですよ！「ターザン山本のことは『週刊プロレス』のときは尊敬していた。だけど裏も取らないでこんなことを書くな！」とか「もう信用できないから縁を切る！」とか「非常に失礼だ！」とかそういう抗議が山ほど来たんよ。でも俺はアントニオ猪木に育てられ、井上編集長の弟子であるわけだから、プロレス的な脳みそが拡大していってるだけなんだよ。

——今回、それは対象がアントニオ猪木だからこそですよね。

山本　そうそう。

——「隠蔽もあるぞ」「でもなんのために？」とか。

山本　そうしたら田中ケロちゃんが猪木さんのブレーンの人たちと打ち合わせをしていたら、そこに猪木さんから電話がかかってきて、ケロちゃんも猪木さんから「元気ですかー」と言われたと。そんなツイートをしていたんだけど、俺からするとそれすらもグルで、猪木さんが亡くなったことを隠してるのかなと。そういうところにまで俺は行ってしまったわけですよ！　そうなるともう俺の中で凄いことになるわけですよ。「もしかして猪木さんは自殺したのかな？　自殺をしたからなかなか公表できないんじゃないか」とか。そんなふうに妄想がどんどんエスカレートしていったんですよ。

――そのあと4日に猪木さんのマネージャーの甘井氏が「良い事も悪い事も、全て開けっぴろげにしてきたのがアントニオ猪木という生き方です。今日も猪木会長は退院目指してリハビリに取り組んでおられます。」というツイートをして。

山本　それさえも隠蔽工作なんじゃないかなと俺は受け取ってしまう形になってしまっていたんですよ。だって普通だったらね、そういう猪木さんの側近の人たちから「ターザン、おまえは変なことを書くなバカ野郎！」とか抗議が来てもいいわけですよ。でも今回それがひとつも来なかったんですよ。もし俺が間違っていたんだったら「とんでもないことを書いてくれたな！」「迷惑だ！」「やめろ！」とかあってもいいのに誰からも来ない。それもまた不思議議だったわけ。だから俺はひとり相撲の妄想にバーッと突っ走って行ったわけですよ！

――でもマネージメント側は大変だったらしいですよ。山本さんのツイートでたくさんの問い合わせが来て、その対応が大変だったって。

山本　でもね、俺から言わせると最初にあがった猪木さんの動画を観たときに再生回数が180万くらいだったんよ。ということはね、これはあとづけだよ？　俺があのツイートをしなかったら「猪木さんは健在でした」っていうことでいっぺんに物事が終わっていたわけですよ。そういった意味で言うと、この件に関しては猪木ワールド、猪木の真骨頂が爆発したなと思っているんですよ。猪木さんってこういう非日常の物語、スキャンダルが大好きじゃないですか。それでいまリハビリをやっている姿が公となり、それからは猪木さんに対するラブコールや応援メッセージで溢れかえっているわけですよ！

――とんでもなく注目されていますからね。

山本　それは俺が悪者になったことで、みなさんによる「アントニオ猪木、がんばれ!!」っていう動きが膨大に出たわけじゃないか！　だから逆に俺の功績はデカかったんだよ。だから本音を言えばさ、そうやって俺に対して怒り狂ってる連中に「キミたちは本当に猪木イズムを理解しているの？」って思ったんよね（笑）。

――あー、なるほど。

山本　俺だけが猪木イズムを実践していたんだから。いくらボロカスに言われようとも、あえて俺がここで悪役になることによって猪木ワールドの真骨頂を出現させたわけですよ！　だから友人からも「小林邦昭さんや鈴木秀樹選手が山本さんのことをけしからんと言ってます」っていう連絡が来るわけですよ。そうしてどんどんヒールになっていったんだけど、もはや俺は最終的に猪木さん本人が登場して「俺は生きてるぞ！」って言うことによってしか納得しないんですよ。なのでそのシーンをずっと待っていたんだけど、そうしたら『週刊ＦＬＡＳＨ』が死亡説を打ち消す記事を書いたでしょ。そこであるマスコミの人間が「もしかしたら話（誤報）を広めたのは私かもしれません」とコメントしてるわけ。そこで死亡説の発信源と、猪木さんが生存しているっていうことがわかったのちに、猪木さん本人が笑顔でコメントを出したんよ。それで一件落着したわけですよ。これが事のなりゆきのすべてですよ！

——誤報の発信源はターザン山本ではなかったということが公にも証明されたわけですよね。

山本　かつて井上編集長が『猪木は死ぬか！』って本を出したじゃない。もし、いま井上編集長が生きていたら「猪木は亡くなった！」っていうことを思いっきり書いていたと思うんよ。今回、俺はその井上編集長の呪いか預言か何かでさ、俺が井上編集長の代わりにやるべきことをやってしまったみたいな感覚があるんですよ。

——『犬神家の一族』みたいな話ですね。

山本　それで猪木さんが「バカヤロー！　俺が死んでたまるか！」ってね、精神的な部分で完全に生き返ったと思ってるんよ。いまは厳しいリハビリをやられていると思うんだけど、これでテンションがガーッと一気に上がっててね。そういう意味では俺は猪木さんのためにもなったと思っているわけですよ。猪木さんにとってはこういう展開のほうが絶対にテンションが上がるんですよ。どう思う？

——たしかに大観衆がいてこその燃える闘魂ですよね。

山本　そうですよ。あの死亡説によって、もの凄く多くのギャラリーを生んだわけですよ。それってさ、もの凄い猪木ワールドですよ！

「アントニオ猪木は健在だなっていうことを俺は確認したよ！　あの人は永遠に最後までプロレスラーだな」

——ブラウン管からＹｏｕＴｕｂｅへと形を変えたプロレス中継ですね。

山本　最新の街頭プロレスですよ！　街頭に４００万人以上が集結したわけですよ！　これは猪木復活への巨大なアングルだよ！　そして、ここで俺が出したもうひとつの結論があるんですよ。アントニオ猪木とはああいう人なので、今回の出来事の真犯人はアントニオ猪木本人だと思うんですよ。普通はアングルというのはもの凄く計画的であり、戦略的に組み立ててやるものじゃないですか。でも猪木さんは、組み立てなし、無意識でそうなるように物事を動かして、人々をギャラリーにするような形にするんですよ。それが猪木プロレスの典型例だと思うんよ。だから犯人はアントニオ猪木。この状況、アングルは俺なんかじゃなく、すべて猪木さんが作ったんだと思うんですよ。

――総合プロデューサー・アントニオ猪木。

山本　こんなことは普通の人間には絶対にできないわけですよ。なぜかと言うと「死」というのは尊厳的なものであってデリケートなものだから。でも猪木さんはそれすらもアングルにする人なので、これは非常に猪木的な世界なんだということで俺は自分を納得させたわけですよ。やっぱり猪木は凄いなと！

（急に立ち上がって）どう思うんだよ、おまえは！

――おまえ、って言わないで。いま、ひさしぶりに〝プロレス〟を観ているような気がするんですよね。ちゃんとマジギレする人や、めちゃくちゃ心配している人もいて。

山本　（ドカッと椅子に座り）これはプロレスですよ！　そうやって猪木さんっていつも俺たちのことを手のひらに乗せるんですよ。でも俺たちは猪木さんに騙されることが喜びであると。アントニオ猪木はリハビリで厳しいという状況の中でも、完全に俺たちを手のひらに乗せてしまうんだということを目の当たりにしたんだよ。アントニオ猪木は健在だなっていうことを俺は確認したよ！　あの人は最後までプロレスラーだな。どこまで行っても永遠に。もう宿命的というかさ。

――しかし、今回は誤報だったということがわかって一件落着だったんですけど、あの動画を観たら想像よりもはるかに厳しい状況じゃないですか。

山本　だからあれはちょっと観たくなかったという気持ちは正直ある。

――でも、あれは死亡説の火消しではあったけど、猪木プロレスの始まりでもあったわけですよね。

山本　そう！　あそこからアングルがスタートしたんですよぉ！　物語が始まったんですよ！　だから物は考えようなんだよね。単なる正義感や倫理観で見たら、なんにもわからないよ。でもプロレスっていうのはそういうものじゃないんですよ。

――プロレスって本来は破廉恥で不謹慎なものですよね。

山本　世の中の価値観や道徳とは真逆のところを行っていたのがプロレスなわけですよ。「その真逆のところに真実があるんだよ」っていうことを猪木さんは言い続けていたわけで。

――「人間の本当のところ」というか。

山本　闇の部分にリアリティや真実を求めるという猪木さんの考え方があるわけ。だから俺はこの1週間、アントニオ猪木に振り回され続けたんですよ！

――急に被害者ヅラしますね。

山本　俺は完全な被害者ですよぉぉ！　こんなね、「ご無沙汰しています」っていうメッセージをなんで知らないヤツが俺に送ってくるんだよ！　最大の被害者は俺ですよ！

――それ、マジで誰なんですかね？

山本　俺は絶対に電話しないよ。誰なのか知りたくないし、話もしたくないわけですよ。

――あと今回の一件で言えることは、ボクらはジャイアント馬場さんのときに1回似たような経験をしているじゃないですか。ある日突然、「馬場さんが亡くなったらしい」っていう情報が流れて、「いやいや、そんなわけない。馬場さんは元気です」っていうのが二転三転あって、やっぱり本当に亡くなられていたという1日があったじゃないですか。

山本 その体験と記憶があるわけよね。だからそういう大物が亡くなったという噂が流れたときは、だいだい本当に亡くなっているんですよ。馬場さんの場合は周囲が隠し通そうとしていたわけだけど、馬場さんを病院から運び出すところを誰かに見つかってバレちゃったというね。

――だから山本さんに限らず、「どうやら誤報でした」という情報が入ったあとも「いやいや、まだわかんない」って思ったプロレス関係者は多いと思いますね。

山本 そう。でも、それは猪木さんだからそう思わせるんだよ。あとは長州力が1日の日に同時進行的に「ヤバい！　ヤバい！」ってツイートをして「少しの間ツイッターは休ませてください」なんて言ってるからさ、「あっ、長州は猪木さんが亡くなっていることをじつは知ってるんだな」って、あれがまたさらに妄想を加速させたわけですよ。なんだったんだよ、あれはいったい？

「アントニオ猪木がさらなる人騒がせをやったとき、そのときこそが猪木さんが元気になった証拠ですよ」

――いま出ているドラマの最終回のセリフが多くてテンパっていたそうです（笑）。だから偶然なんですよ。

山本 なんだよ、それ。とんだかまってちゃんだな……。でもリアルタイムだと猪木死亡説と長州のツイートがリンクしてくるわけですよ。その偶然自体も猪木的であって、俺と長州と猪木さんが三位一体になった瞬間なんですよ！　一瞬にして共犯関係になったんですよ。違うか、おまえ、おまえ！

――おまえ、ってやめて。

山本 猪木イズムに洗脳された俺たちが無意識のうちに連合体になっているわけですよ！　こんなことはいまの世の中では起こらないことだよ！

――いま、ターザン山本を鉄拳制裁で沈めた猪木さんを肩車している長州力の姿が浮かびました（笑）。

山本 浮かんだでしょ！（笑）。

――「会長ー！　いっそのことコイツを殺してください！」って長州が言ってます（笑）。

山本 だから俺たちはどれだけ意識を猪木プロレスに支配されてるのかっていうのがわかったよ。どうしても猪木さんの思考回路を辿ってしまうクセがあるわけ。だから俺にはなんの責任もない！　アントニオ猪木の責任ですよ！　だって俺をこんなふうな人間にしたのは猪木さんであり、井上編集長なんだから。その巨大などんでもないふたりの怪物が俺をこうさせた。それでやらかしてしまう、そうやらざるをえない、そういうことですよ。「おまえがやれ」という無意識の声が聞こえるんだよ。その保証がないと俺も動けないですよ。猪木さんの指示だから許されるということで「じゃあ俺はやりますよ、猪木さん！」っていうさ。だから普通の人はビビって書けませんよ。あんなことをツイートしたのは俺だけですよ。

――3月9日に山本さんは「コンビニで『FLASH』を買った。猪木さんが亡くなったという情報を書いたのは私だけか？もし書かなかったらそれは表に出ていないのでこの記事もなかった。アントニオ猪木は全てをネタにする。そこが猪木的。猪木イズム。」ってツイートしましたよね。

山本　そうしたらまた「何を勘違いしてるんだ、バカヤロー！」って怒られたわけですよ。

――ボクはそういうリアクションに関しては全然追っていないんですけど、ただ、このツイートを読んだ瞬間に「ああ、これは叩かれるだろうな」とは思ってました（笑）。

山本　そう思うでしょ？

――でも、そこで怒りを表明することによって、各々が猪木愛を再確認し、ふたたび猪木プロレスのオーディエンスになればいいわけですからね。

山本　その猪木愛にも鮮度とか密度っていうものがあるわけですよ。俺の場合は猪木イズムが濃縮されているわけですよ！

――そうですね。今回のターザン山本の行動は間違ってはいなかったです。

山本　間違っていないでしょ!?　パチパチパチパチ！（うれしそうに手を叩く）。俺は今回、それで収めてほしいんだよぉぉ！

――収めてほしいんだ（笑）。

山本　だってこの猪木理論は世の中では通用しないからな！日本人は死というものに対して凄く敏感で、多くの人にとって死とはタブーであるから、なかなかこういう理論も言いづらいんだよね。

――猪木さん自身も以前、有名人が亡くなったりするとワイドショーでみんなが泣きながら追悼のコメントをすることについて「俺はああいうのが本当に嘘くさくて嫌いなんだ」って言ってましたからね。

山本　そうでしょ。その場だけ悲しそうに追悼の意をみんなが述べてね。

――あとは9・11のテロのときも、猪木さんはニューヨークに住んでいて、連日テレビは追悼番組を延々とやっていたと。それを観て「アメリカだけが国じゃねえよ」って思ったっていう。それも人間の本音の一部分じゃないですか。

2019年10月14日撮影

ターザン山本!(たーざん・やまもと)
1946年4月26日生まれ、山口県岩国市出身。ライター。元『週刊プロレス』編集長。
立命館大学を中退後、映写技師を経て新大阪新聞社に入社して『週刊ファイト』で記者を務める。その後、ベースボール・マガジン社に移籍。1987年に『週刊プロレス』の編集長に就任し、"活字プロレス""密航"などの流行語を生み、週プロを公称40万部という怪物メディアへと成長させた。

山本　今年ね、俺は友達と横浜港の大さん橋に遊びに行ったんですよ。そのときに「あっ、ここに猪木さんを連れてきて、ブラジルに渡ったときの海を見ながらインタビューしたいな」って思ったんよ。いつか実現するといいなあ。

──また猪木さんの元気な姿が見たいですよね。

山本　最後にこれだけは言いたいわけですよ。「猪木さんはもともと人騒がせな人なんだよ」って。その人騒がせが世の中でいちばんおもしろいっていうことを実践してきた人なんですよ。逆に馬場さんは人騒がせをしない人だったんだけど、そこに猪木さんと馬場さんの対極があるんですよ。そして俺はそんな猪木さんの人騒がせに狂わされてたというか、巻き込まれてきた。モハメド・アリとやることだってとんでもなく人騒がせなことだしさ。

──これからもどんどん人騒がせをしてほしいですよね。

山本　アントニオ猪木がさらなる人騒がせをやったとき、そのときこそが猪木さんが元気になった証拠ですよ。「元気ですかー!」っていうのは人騒がせをすることだから。そうでなかったらアントニオ猪木じゃない。そして俺たちは本当の猪木信者であるかということをずっと試され続けているんだよ。猪木さんの「てめえら、どうなんだ!」っていう声が聞こえちゃうんですよ。

第112回 2021年2月の日記

バッファロー吾郎A

バッファロー吾郎A/本名・木村明浩（きむら・あきひろ）1970年11月24日生まれ/お笑いコンビ『バッファロー吾郎』のツッコミ担当/2008年『キング・オブ・コント』優勝

今回は2021年2月の日記をココに掲載したい。メモ程度なので、見直してみて「これはなんだ?」というモノもあるため補足説明的なモノも入れてみた。50歳の日記など誰も興味がないと思うが、暇つぶしにご覧いただきたい。

2月1日　79・8キロ
バ吾A・しずる村上・かもめんたるう大トークライブ～限定ライブ配信～
『かもめんたるう大に聞く』

リモートで真面目に聞くシリーズ。後輩である小島よしおとの繋がりの話が非常に興味深かった。日付の下の数字はその日の朝に計った体重である。

2月2日　79・2キロ
バ吾A・しずる村上・ジャルジャル福徳トークライブ～限定ライブ配信～
『秀介に聞く』

秀介と淳平は出会うべくして出会い、組むべくして組んだ運命的なコンビだと思わせる内容だった。

2月7日　79・5キロ
『大喜利マスターズ リモート前哨戦』
【出演】ザ・プラン9 お～い!久馬、ケンドーコバヤシ、次長課長井上、ザ・ギース高佐、R藤本

本来ならこの日に40歳以上（数え年を含む）の芸人を集めて大喜利マスターズトーナメントを行う予定だったが、コロナ問題で延期になり（5月1日開催予定）、その代替としてリモートで楽しく前哨戦。優勝はケンドーコバヤシ。5月が楽しみ。

2月9日　79・5キロ
テレビのアンテナ検査。

自宅のテレビの映りが悪いので、業者さんに調べてもらった。電波には例えるなら質と量があるらしく、我が家は質が悪いらしい。こういう問題は最近多発していて、オリンピックによる土地開発で建物の位置が大きく変わったことが原因だそうだ。

2月10日　79・6キロ
バ吾A・しずる村上・ラブレターズ塚本トークライブ～限定ライブ配信～
『ラブレターズ塚本に聞く』

ラブレターズが所属するASH&Dコーポレーションという事務所（ほかにはシティボーイズさんやムロツヨシがいる）に在籍できるようになったキッカケを作ったのが山田雅人さんだと聞いて驚いた（山田さんと面識はまったくないらしい）。興味深い内容だったので、急きょ相方である『溜口にも聞く』の開催を決定。

2月13日　78・8キロ
バ吾A・しずる村上・ヤナギブソントークライブ～限定ライブ配信～
『ヤナギブソンに聞く』

ギブソンとしずる村上はいま話題のClubhouseにハマっているので、初っ端はClubhouseの話。たしかにコンテストに受からなかったら芸人を辞めるという決意はナンセンスだと思った。

2月15日　78・9キロ
『ゲームセンターyuu』
【出演】リリカルスクールyuu、せきしろ、ずんやす、インデペンデンスデイ久保田、バ吾A　ロフトプラスワン配信

yuuちゃんが持ってきたカードゲームでオジサンたちと一緒にワイワイ楽しく遊ぶ配信ライブ。やすさんからお土産でいただいた野菜ふりかけがマジで美味すぎ良太郎だった。

2月17日　79・6キロ
バ吾A・しずる村上・ラブレターズ溜口トークライブ～限定ライブ配信～
『ラブレターズ溜口にも聞く』

10日に行われた『ラブレターズ塚本に聞く』の答え合わせ的な配信ライブ。

2月19日　78・8キロ
バ吾A・しずる村上・ロンドンブーツ1号2号亮トークライブ～限定ライブ配信～
『ロンブー亮に聞く』

騒動ではなくお笑いのことだけを真面目に聞いてよかった。90分聞いて、淳と出会った頃で終わってしまった。続編を予定。

2月24日　79・2キロ
『Aカード2～ファニー坊主めくり』
【出演】次長課長井上、千鳥ノブ、ザ・ギース高佐、インデペンデンスデイ久保田、バ吾A～限定ライブ配信～

私考案の新企画ゲーム2回目のリモート配信。カードの指示は絶対。大喜利色弱めで誰でも楽しめるゲーム。優勝はノブ。

2月26日　79・8キロ
ドラマ撮影。

コロナ対策万全の中、久しぶりのドラマ撮影。マスクをしながらのアクションの練習は異常に疲れた。

2月27日　79・5キロ
ルミネコメディ　木村祐一班　三回公演

姉さん、僕の2021年2月はこんな感じでした。

「上を目指すのはいいけどさ、
『ビジネスのためだから
こうしてくれ』って言われても、
それが自分の美学に反する
ものならやりたくない」（武藤）

「業界ナンバーワンという
目標に向かって自分も
その力にならなきゃいけない。
目標とする団体は凄く強大
ですけどそれは不可能ではない」
（秋山）

いまサイバーファイトで何が起きている？
超ベテランふたりが
ノアとDDTのベルトを奪取!!

武藤敬司

第34代GHCヘビー級王者
プロレスリング・ノア

秋山準

第76代KO-D無差別級王者
DDTプロレスリング

KAMINOGE OLD IS NEW

収録日：2021年3月1日　撮影：橋詰大地
試合写真：©CyberFight／プロレスリング・ノア、DDTプロレスリング　構成：堀江ガンツ

MUTO BEAR
Tommy Hilfiger
17th

「ビジネスのためだからって言われても、それが自分の美学に反するものならやりたくない」（武藤）

――武藤さんと秋山さんの対談ってあまり記憶になかったんですけど、じつは一度やられているんですよね。

武藤　えっ、対談したことあった？

秋山　ボクの本で1回やってますね。

――秋山さんが全日本プロレスの社長時代に『巨星を継ぐもの』（徳間書店）という書籍を出したときにやられてるんですよ。「新旧・全日本社長対談」ということで。

武藤　あー、そうだ。俺、全日本の道場にお邪魔したよね。憶えてるよ。

――その書籍での対談時は、全日本の社長時代の苦労話みたいな感じが中心で、半分近く白石（伸生＝元・全日本オーナー）さんの話だったりしたわけですけど（笑）。今日は経営者ではなく、現役のトップレスラー同士として未来に向けた話ができたらなと思っています。

武藤　あのときと比べたら状況がみんな違うもんな。まわりも違うし、俺たちも違う。

――書籍で対談したときは武藤さんはまだＷＲＥＳＴＬＥ－1の会長で、秋山さんは全日本の社長でしたからね。

秋山　3年くらい前なのにウソのような（笑）。

武藤　あのとき、いまみたいな状況を予想してたヤツはいないだろう（笑）。

――絶対にいないですよ（笑）。

武藤　いないよな。当たらないよ。

――まず、武藤さんがノアの所属になるなんてイメージがなかったし、秋山さんがＤＤＴっていうのも絶対にないですもんね（笑）。

秋山　自分でもまったく予想してませんでしたから（笑）。

――しかも、お二人がそれぞれノアとＤＤＴのチャンピオンという。このマット界の急激な流れはいかがですか？

武藤　いやー、刺激的ですよ。こないだ（2月12日）武道館でやったＧＨＣのタイトルマッチの反響もなんとなく伝わってきたし。いいか悪いかは抜きにしてね。賛否の〝否〟もあるからさ（笑）。

――戦前は、58歳のレスラーがノア最高峰のＧＨＣに挑戦することに対しての賛否はたしかにありましたよね。

武藤　それが終わってみれば「よかった」と言ってくださる方が多かったからね。

――秋山さんは全日本にいた頃は、社長という立場になったり、指導者としての比重が増えてきて、現役としての気持ちはだいぶフェードアウトしつつありましたよね。

秋山　そうですね。自分より若い選手を上に行かせなきゃいけないっていう気持ちのほうが強かったですからね。それがここに来て、自分で上に行かないといけなくなったから（笑）。

武藤　俺も秋山も先日、ノアとＤＤＴの所属になったとはいえ、立場的にはＷ－１や全日本を離れてからはフリーみたいなもんだから。自分自身、生き残っていかなきゃいけないからさ。

――あとはレスラーとしての力をノアやＤＤＴから必要とされたということですよね。秋山さんは高木（三四郎）大社長からお話があってＤＤＴ入団ということでしたけど、武藤さんの場合、ノア入団に関してはどういった経緯でお話が来たんですか？

武藤　いやあ、そのへんはノアの入団記者会見でしゃべったとおりなんだけど、相思相愛だったたってことだよな。

――ノアからしたら団体をもっと上げるために、プロ野球で言えば大物ベテラン選手をＦＡで獲得したようなものですよね。

武藤　団体からしたらそうだろうな。俺のほうからすると去年の春にフリーになって、このコロナ禍でもオファーをいただけるところがいろいろあったんだよ。たとえば地方の団体とかね。

――いまってローカル団体がたくさんあるから、その年に１回とか数年に一度のビッグマッチには、全国的に名の通った大物をブッキングしたりしますもんね。

武藤　いま、各都道府県に１個はプロレス団体があるからな。でもあんまりチョロチョロ出たくないっていうのもあったし、なんか断るのも嫌じゃん。そんな中で、もしかしたらノアという看板がついたほうが重みがつくかなと思ってさ。

――ノアという大きな幹があって、たまにほかにも出ることがあるっていうのは、プレミア性もありますしね。

武藤　自分自身、腰を据えてプロレスができるしね。

――今回、サイバーファイトが「業界ナンバーワンを目指す」ということの一環で、お二人と契約を結ぶ形になったと思いますけど、使命感みたいなものは感じてますか？

秋山　まあ、使命感っていうよりも高木さんが記者会見で言っていた「新日本に追いつけ、追い越せ」っていうあの言葉を聞いて、自分もその力にならなきゃいけないなっていうのは感じていますよ。目標とする団体は凄く強大ですけど、不可能ではないんで。

――武藤さんはいかがですか？

武藤　上を目指すっていうのはいいけどさ、「ビジネスのためだから、こういうことをしてくれ」って言われても、それが自分の美学に反するものだと思ったらやりたくないから。

――たとえばアクセス数を稼ぐために路上で電流爆破をやってくれ、とか（笑）。

武藤　まあまあ、そういうことに限らずだけどさ。そうやって俺はこの37年間を生き残ってきているから。

——自分を切り売りするようなことはしたくないと。

武藤　あと、たぶん俺と秋山では求められてるものが違うんだよ。俺は下を育てることじゃなくて、試合だけがんばってくれっていう形態だから。

「これからのノアを支えていく清宮と稲村相手にちょっとやりすぎたかなと」（秋山）

——秋山さんは選手としてもそうですけど、コーチとしての手腕も買われてのことですもんね。

秋山　だから選手契約だけじゃなく、若い子の練習も含むってことじゃないですかね。

武藤　ＤＤＴの道場はどこにあるの？

秋山　御茶ノ水です。

武藤　そこに毎日行ってるの？

秋山　いや、毎日は行ってないです。でも週に2～3回は教えてますよ。

武藤　俺はそこまで団体に介入したくないな（笑）。

——でも武藤さんのような選手が団体にいるっていうだけで違うんじゃないですかね。

秋山　やっぱり違うんじゃないですか。

武藤　いやー、それがいいかどうかわかんないんだよ。この歳の選手がトップにいるって、プロレスだから成り立ってるものであって、ほかのスポーツじゃ考えられないからな。

秋山　それは賛否の否でよく言われることですよね（笑）。

——ほかのスポーツだと、ネームバリューや実績があっても、ベテランはなかなか再契約が難しかったりしますもんね。

武藤　プロレスの長所って「枯れていく姿も美しい」っていうのでお客がついてくれるんだけど、ほかのスポーツは枯れたらアウトだよ。だから俺らの存在っていうのは、ホントにいいものかどうかっていうのはわかんないよな。とは言っても、俺自身が若返るのは不可能なわけだから、いまを一生懸命やるしかないんだけど。

——では、ノアの武道館大会をあらためて振り返ってみていかがですか。秋山さんは丸藤正道選手と組んで、清宮海斗選手と稲村愛輝選手という若いふたりと対戦されましたけど。

秋山　ちょっとがんばりすぎたかなって（笑）。もうちょっと遠慮したほうがよかったかなって。

——でも、ああやって伸び盛りの選手をガッチリ蹴落とす役割を期待されてのカードだとも思いますよ。清宮選手、稲村選手のふたりは、やってみてどう感じましたか？

秋山　まだまだいろいろ足りない部分はあると思うんですけ

ど、これからのノアを支えていくふたりになると思うんで。ただ、ちょっとやりすぎたかなと（笑）。

――ノアとはいえ、秋山選手の直の弟子というか後輩ではないわけですよね。かつてのノアの若い選手との違いは感じましたか？

秋山　いや、べつにそんなに感じなかったですね。たぶん小川（良成）さんとかが教えてると思うんで。逆にいま自分が教えてるＤＤＴの選手のほうが違いを感じていますよ。

――武藤さんはメインイベントＧＨＣヘビー級タイトルマッチで、潮崎豪選手とやってみていかがでしたか？

武藤　潮崎云々というよりも、自分自身に手応えを感じましたよ。さっきも言った枯れていく姿っていうか、過去を引きずって試合をしても通用したなっていうね。三沢（光晴）社長の存在だって、いまのファンの中にはわからない人もいると思うけど、ファンの記憶に訴えるような部分がうまくハマった試合ができたんで。

――試合後半でエメラルド・フロウジョンを出したときは、コロナで声が出せない中でも、武道館が沸きましたからね。でも、やる前はそれがハマらないかもしれないとも思っていたと。

武藤　それにお客が（会場収容人数の）半分以下じゃん。そういう中でファンの反応にも若干こっちが応えづらいというか、どこで反応してるのかっていうのがいまいちわからないんで。

――基本、応援は拍手だけですからね。秋山さんはメインをご覧になられましたか？

秋山　ボクは解説をしていたんで。

――あっ、そうだったんですね。潮崎選手のことは昔からよくご存知だと思いますけど、あらためてどう感じましたか？

秋山　いや、武藤さんが凄い動いてるなと思いましたね（笑）。

――相当がんばってるなと（笑）。

秋山　トップロープからのはちょっとヒヤッとしましたけど。

――雪崩式の技が崩れて、頭から落ちたシーンですね。

武藤　アイツが無理しやがってさ（笑）。

――潮崎選手に対してはどう思いましたか？

秋山　（ＧＨＣのベルトを）1年ぐらいずっと守り通してきたんでがんばったとは思いますけど、やっぱり飲まれてたんじゃないかなって。でも、それは仕方がないですよ。武藤さんが勝った、武藤さんの試合でしたね。

――武道館でおふたりの試合を観て、いまのプロレスの流行へのアンチテーゼみたいなものも感じたんですよ。それは試合内容だけでなく、たとえばマイクアピールをしないとか。

秋山さんも試合後、マイクアピールではなく清宮選手に直接、お客さんが聞こえない中で語りかけてましたよね。メインの武藤さんも締めのマイクみたいなものはなかったし。

武藤　マイクアピールって、やる必然性がなければやらなくていいじゃん。せっかく試合でいい雰囲気になったのに、マイクの滑舌が悪くてしょっぱかったら全部が台無しになるもんな（笑）。それなら何もしゃべらないほうがいいんだよ。

「コメントひとつにしても、言わされた感のあるものってのは残るものにはならないわけじゃん」（武藤）

——いまはビッグマッチの締めのマイクは当たり前みたいになっていますけどね。タイトル戦だったら、次の挑戦者とのマイクでのやりとりとか。

武藤　現代プロレスのそこが俺はあんまり好きじゃない。いちいち全部、「これこれ、こういうわけであって」って言葉で説明するようなところがあるじゃん。プロレスって本来、いろんな答えがあるような気がするんだよ。それを「この答えですよ」ってマイクで言うこと自体がマイナスなような気がしてさ。そのレスラーがどう思っているのか、考えさせるのもひとつのプロレスのよさじゃん。

——武道館の試合後で言えば、武藤さんが清宮選手を一瞥しただけで黙って花道を戻っていく姿を見て、観客それぞれにいろんな受け取り方があるわけですもんね。

武藤　そう。それ自体もミステリーでないと。あと、いまのマイクアピールって若干言わされてる感もあるから、全部説明になっちゃってる気もするんだよ。俺たちが育った頃のマイクみたいに、もっとガチの言葉じゃないと。

——本心から出てきたような言葉って、ファンの心に残るんですよね。

武藤　そうそう。プロレス週刊誌の見出しになるような言葉って、そういう言葉なんだよ。たとえば長州力なんかでたらめじゃん。なに言ってるかわからねえし。でも「ど真ん中」とか「噛ませ犬」とか、フレーズの強さがすげえ残るんだよ。俺なんかだって、30何年前に言った「プロレスはゴールがないマラソンだ」っていう言葉がいまだに使われてるからね。

——それも用意された言葉じゃなく、武藤さんの中から自然と出てきた言葉なわけですよね。

武藤　あとは俺が昔言った言葉で「思い出とケンカしても勝てない」っていうのがあるじゃん。そのワードに内館牧子さんが共鳴してくれて、2年くらい前に舘ひろしと黒木瞳が主演で、定年後の夫婦だかを描いた映画を作ったんですよ（映画『終わった人』）。その脚本が内館さんなんだけど、俺の言葉をヒントにして脚本を作ったんだって。

——武藤さんが、内館さんに映画の脚本を書かせるインスピレーションを与えたって凄いですね。

武藤　だからその映画の試写会に俺は招待されたからね。行かなかったんだけど。

秋山　行かなかったんですか！（笑）。

——行かないっていうのも武藤さんっぽいですけどね（笑）。でも、かつて「思い出とケンカしても勝てない」って言った人が、今回の潮崎戦では、その思い出を味方につけましたよね。

武藤　そこもプロレスのおもしろさだよな。だからコメントひとつにしても、言わされた感のあるコメントってのは残るものにはならないわけじゃん。

——そうですね。武藤さんも名言を言おうと思って言ったわけじゃないし。

武藤　長州さんの「飛ぶぞ」なんて、あんなものが商売になるんだからな（笑）。

——一流レスラーは天性のコピーライターでもありますよね。秋山さんも今回の武道館で試合後に清宮選手、稲村選手に語りかけた言葉というのは、べつにお客さんに聞かせるものではないという感じだったんですか？

秋山　べつに聞かせるも何もないですね。彼らふたりに言いたかったことなので。

——だからこそ清宮選手は、感極まるくらい心におもいっきり届いたのかもしれませんね。

秋山　こっちもそのときに感じたことをそのまま話したんで、ちょうど彼の中に入ったんじゃないですか。

——ファンへのアピールではなく、ホントに伝えたいという思いがあったわけですね。

秋山　そうですね。試合後に向かい合ったとき、彼はたぶんプロレスの形で来たんですよ。でもボクは「それじゃない」と。そこで個人的に言いたい話をちょっとしたら「そうだな」と思ったんじゃないですか。

——なるほど。それによって、言い方はおかしいですけど、凄くリアルな空間となったというか。

武藤　あのときだって、お客は秋山が何を言ってるのかわからないわけで、そこに答えが提示されてねえんだよ。もちろん、秋山自身は答えを知ってるんだけど、観ている人たちにとってはそこがミステリーの世界であってね。

——秋山さんや清宮選手の表情を見て、観客それぞれが推測するわけですもんね。

武藤　そうそう。「あれ、上からモノを言ってるだけだよ」とかさ。もしくは「あれは愛の言葉だ」とかいろんな想像ができるわけであって。そうするとプロレスが豊かになるよな。

——映画でも、状況をすべてセリフで説明するようなのは興醒めするのと一緒ですかね。そういう意味でも、いま当たり前になっていることが当たり前じゃないんだよ、という。

武藤　俺たちはそうやって育ってきたからね。だけどこれが現代で通用するかって言ったら、また別のあれだと思うんだ。

観てる人たちも世代交代してるわけであってね。ただ、俺がやってきたのはそうであり、そういうやり方もあるよって。

——秋山さんがいた頃の全日本も、マイクアピールはあまりなかったですもんね。

秋山 あまりというか、まったくなかったですね。

——それはジャイアント馬場さんの考えで、ご法度だったんですか？

秋山 ご法度というか、言わずともしゃべらないのが当たり前みたいな。四天王などの諸先輩たちは、試合で魅せてそれだけでお客さんたちはお腹いっぱいになっていたんで。ボクはリング上で言葉をしゃべるということは、試合でお客さんをお腹いっぱいにさせていないから、その足りない部分をマイクで埋め合わせするような感じがしたので、もともとあまり好きじゃないですね。「終わってからそんなにしゃべる元気があるんだったら、もっと試合中にやっておけよ」っていう。


「やっぱり心から思っていることなんで、その言葉がお客さんにもダイレクトに届くんでしょうね」（秋山）

——2000年代のノアにもそれは引き継がれていましたよね。
武藤 ZERO－ONEの旗揚げ戦（2001年3月2日・両国国技館）のとき、俺は解説席にいたんだけどさ。ノアが応援で参戦してきて、三沢社長と小川直也の絡みがあったんだよな。

――メインの試合後に小川さんが登場して、三沢さんを挑発したんですよね。あの試合、秋山さんも出ていますよね。

武藤 あっ、そうだ。いたよね？

秋山 ボクと三沢さんが組んで、相手が橋本（真也）さんと永田（裕志）さんでしたね。

武藤 その試合後に小川が出てきてさ、そっからはたぶんみんなアドリブなんだけど。小川が「次は俺とやれ！」みたいなことを言ったとき、三沢社長が「おまえらの好きなようにしねえよ」みたいな言い方で返したんだよ。

――「おまえらの思う通りにはしねえよ、絶対！」って言ったんですよね。

武藤 そうそう！ それがまたカッコよくてね。この業界、普通なら挑発されたとき、そこに乗っていくわけじゃん。そこをあえて乗らずに断ち切ったあのコメントはめちゃくちゃリアリティがあってすげえいいマイクだと思ったよ。解説席にいた俺まで興奮したもんな。

――あのとき、小川さんと橋本さんは客前で既成事実を作って、三沢さんが小川戦をやらざるを得ない状況を作ろうとしたんでしょうけど、三沢さんは一切ブレなかったという。

武藤 新日本だったらさ、ああいうどさくさをうまくビジネスにしていくってことをよくやっていたわけだけど、全日本の場合はそれを許さない王道スタイルだから。そこをしっかり守った三沢社長の受け答えは凄くよかったと思うよ。三沢さんらしいな、さすがだなって。

――あれこそが三沢さん、あれこそが全日本・馬場イズムという感じでしたよね。

秋山 そうですね。

武藤 リアルな言葉だよな。

――そういう言葉が観客の心に残るという。

武藤 だって、俺がいまだにそれを憶えてるんだからさ。

秋山 あのときの三沢さんはうまく返そうとしたわけじゃなくて、ホントにそう思ってるんですよ（笑）。やっぱり心から思っていることなんで、お客さんにもダイレクトに届くんでしょうね。

武藤 だからああいうマイクはいいけど、べつに毎回、説明するようなマイクはかならずしも必要じゃないっていうのが俺の考えだな。

――武藤さんと清宮選手の3・14福岡でのタイトルマッチも、武道館のリング上で武藤さんが相手にしなかったことが、ちゃんと〝振り〟になっていますよね。「清宮は試合で武藤を振り向かせることができるのか」っていう。

武藤 ただ、清宮とは去年1回（シングルマッチを）やってるしさ。ちょっとデザインを変えないとね。

秋山　シングルでやってるんですか？

武藤　やってるんだよ、半年前に。俺なりにいい試合だったつもりなんだけど、同じデザインじゃ通用しないからね。

――潮崎戦があれだけ話題となったあとの試合ですしね。

武藤　あの試合で俺はベルトを獲ったし、ちょっとした燃え尽き症候群なんだよ（笑）。

――ある意味、これまでの歴史を総動員した、集大成みたいな試合をやったわけですからね（笑）。

武藤　そうそう。だからどうしようかなって困っちゃってるんだよ。

秋山　アッハッハッハ。

――そうなると清宮選手にかかってきますよね。それもまた試練だと思いますけど。

秋山　試練っていうか、いい経験じゃないですか。あのキャリアで武藤さんとタイトルマッチができるということに感謝しなきゃいけないと思うので。

――秋山選手も、デビュー当時からメインクラスでトップ選手たちと対戦してきましたけど、清宮選手の立場もわかる部分がありますか？

秋山　まあ、わかる部分はありますけどね。ただ自分がまわりとは違って「いい場所にいさせてもらってる」っていうことも同時に思わないと。彼は5年目くらいですか？　最高峰のところで武藤さんと闘えるなんてめったにないことなんで。そこは技をポンポン出せばいいような試合じゃないと思うし、いろんな間とかも経験しないとわからないことだし。もしかしたら自分でやってみてガッカリするかもしれないけど、そこからまたいろいろ考えることが成長につながると思うんで。

――去年、秋山さんと対戦した、ＤＤＴの竹下幸之助選手とも立場が似ていますよね。

秋山　だから竹下くんはそれでいろいろ考えて、いま考え込んでる真っ最中だけど（笑）。でも考えるのはいいことですよ。

――それを乗り越えて、真のメインイベンターになるわけですよね。思えば武藤さんも〝スペース・ローンウルフ〟として、キャリア3年でメインクラスに抜擢されて苦労していますしね。

武藤　ただ、清宮の試練って上とやるときじゃないと思うんだよ。下からの突き上げや横のライバルとやったときにどれだけのものを見せられるか。俺たちはそういうのに恵まれてたんだよ。

――自分で試合を引っ張って、メインで観客を満足させなきゃいけないときこそが本当の試練だと。

武藤　上にアタックしてるときって、あまり揶揄されることもないからさ。下からの突き上げにしょっぱいところを見せてたらいっぱい揶揄されるじゃん。だから本当に大変なのは

これからだよ。

――いまはある意味で恵まれている時期なんですね。武藤さんは今回、2年契約でプロレスリング・ノアに入団したわけですけど、この2年間でやりたいことはありますか？

武藤　いや、武道館でだいぶ燃え尽きたから、もう2、3発がんばって、その余韻であと2年生きればなって（笑）。

「会社としては当然、業界ナンバーワンを目指すんだろうけど、いちプレイヤーとしてはあまりそこは意識したくない」（武藤）

――武藤さん、よく言われていますもんね。「俺は高田延彦戦で20年食っていけた」って（笑）。

武藤　そうそう。でも、これからはホントにしんどいよ。ムーンサルトが使えないじゃん。あれよりも説得力がある技はないからさ、やっぱり試合を組み立てづれえよ。だから試合の流れで説得力をつけるしか方法論はないわけであって。こないだの武道館はたまたまフランケンシュタイナーがあったけど、あれもそうたびたび使えるものじゃないしね。

――「これが出たら勝つ」という絶対的なフィニッシュが、いまはないと。

武藤　ムーンサルト以上のものを作れねえもん。あれで35年食ってきたんだからさ。

――フィニッシュホールドっていうのは、その記憶の力もあるわけですもんね。

武藤　そうそう。まあ、こないだはそれをちょっと使ったけどね。記憶でスパイスしたっていうか。

秋山　だけど凄いですよね。コーナーに登るだけでそれが効いてくるんですから。武藤さんがコーナーに登った瞬間にお客さんが「ウォー！」ってなりましたからね（笑）。

――声を出しちゃいけないのに、どよめきと悲鳴が起こりましたよね。

秋山　解説席にいた自分と小橋（建太）さんも「ウォー！」って言いましたもん（笑）。

武藤　だけどもう使えないでしょ。またやってたらさ……。

――藤波（辰爾）さんのドラゴン・スープレックス未遂みたいになっちゃうかもしれない（笑）。

武藤　でも、もう1回くらい使えるかもしれねえな（笑）。

――ホントに「ここぞ」というときなら、また「ウォー！」ってなるかもしれないですね（笑）。それにしても、ノアはここに来てベテラン勢が異常に元気ですよね。

武藤　俺がノアのチャンピオンで、秋山がDDTのチャンピオンなわけだからな。ただ、俺はDDTの世界観がどうなってるかわからねえから「秋山の力が本当に必要なのかな？」とも思うんだよ。DDTのプロレスって、秋山がこれまでやってきた全日本やノアとはちょっと違うじゃん。エンターテインメント性が高いというか、プロレスをそんなに知らない若い女性ファンなんかにも向けてる気がして。そこに秋山が持っているしっかりとしたベースっていうのは必要なのかなって。

――高木大社長は秋山さんの力を借りて、DDTの若い選手の実力の底上げを図りたいようですけどね。

武藤　それよりも、竹下とかああいうのを秋山が連れてノアに来たほうがさ。

秋山　アッハッハッハ。

武藤　だって竹下って、そういうセンスがありそうじゃん。

秋山　まあ、そうですね。

武藤　秋山が教える王道であるプロレスっていうものを、ちゃんと継承できる選手になれそうなさ。そういう選手がノアに来て清宮と闘ったりするほうがいいような気がするんだよな。

――将来的には、サイバーファイトグループの〝頂上対決〟になりうるカードですけどね。

武藤　ノアとDDTは、もっとカラーを分けたほうがいい気がするんだけどな。「まったく別物」みたいなさ。まあ、俺もDDTのプロレスをどこまで知ってるのかっていうのもあるから言いづらいんだけど。ただ、傍目から見ればそう思うね。

——そういったことも含めて、いろんな可能性が出てきてるんじゃないですか。
秋山　そうですね。可能性はいっぱいあると思うんで。
武藤　ただ、秋山にノアに来られたら、俺が58歳で獲ったベルトをすぐ獲られそうだもんな。50代でチャンピオンになったのが俺だけじゃなくなっちまう。だって、こっちには50代がいっぱいいるんだもん（笑）。
——50代でベルトを回し始めちゃったりして（笑）。
武藤　すぐ俺の記録を抜かれそうな気がするよ。
——武道館のセミで拳王選手と対戦した船木（誠勝）さんもめちゃくちゃ元気でしたよね。
武藤　元気だよ。
秋山　船木さんってどっか悪いところがあるんですか？
武藤　あれね、変な話、総合のほうに行ってプロレスを休んでたじゃないですか。だから身体はいいんだよ。
——それこそバンプを長年取っていないっていうのが。
秋山　それはありますよね。
武藤　俺の25周年くらいから船木はプロレスをやってるから、20年ブランクがある。その間、バンプは取っていないわけだから。
——総合格闘技のダメージとはまた違いますもんね。そういう意味では、長年プロレスの第一線にい続けている武藤さんと秋山さんは、相当凄いですよね。
秋山　いや、武藤さんのほうが凄いですよ。
武藤　俺はボロボロだよ。ヒザだけじゃないんだよ。関節は全部痛えんだからさ。手首は痛えし、ヒジも痛えし、首もダメだし、こないだの試合で足首もいってるし、あらゆる関節がダメだよ。指もいってる。
秋山　ボクもヒザが来まして、ついにロボットみたいな歩き方になってきましたね（笑）。
——秋山さんは以前から肩も痛めてましたよね？
秋山　肩はもう全然ダメですね。まったく上がらないんで。脱臼とか重ねてそのままずっと休まずにやってたんで。まあ、しょうがないんですけど。
——そういう満身創痍な身体でも、若い選手に対してやりすぎぐらいの試合をしているわけですね。
秋山　まあ、キャラクターっていうか、求められてるのがそこですからね。ホントは嫌なんですけど（笑）。でも求められているならやらないと。まだギリギリできますからね。
——サイバーファイトは「業界ナンバーワンを目指す」と公言していますが、それについてはどう思いますか？
武藤　会社としては当然そこを目指すんだろうけど、いちプレイヤーとしてはあまりそこを意識したくないね。数字に追われすぎると何かを犠牲にしなきゃいけなくなりそうだから。

俺たちは経営者じゃないからそこまで考える必要はないんだよ。それは高木とかアイツらが考えればいいことであって。

秋山　アッハッハッハ。でもボクらは自分に与えられた役割に全力を尽くすだけですけど、高木さんクラスになると大変だと思いますよ。サイバーエージェントさんもいまはサイバーファイトに投資している状況で、のちのちにはもちろん回収するためにやっているわけだから。今後、しっかりとした売り上げをあげなきゃいけないので。

——高木大社長は、サイバーエージェントから言わばプロレス事業を任されているわけですもんね。

秋山　ボクらはボクらで現場を充実させて、そこに貢献したいですけどね。

——6月6日にさいたまスーパーアリーナで、サイバーファイトのオールスター戦的な大会が開催されることが発表されましたけど、この大会についてはどんな思いがありますか？

秋山　高木さんはDDTとノア両方の社長で、「新日本に追いつけ追い越せ」って言ってましたけど、ノアと一緒になって抜かすのか、それとも個別で抜かすのかでも違うし。ボクなんかはDDTの隣にはノアがいて、そこもメジャーなんだから（DDTの若い選手に対して）「そこにも負けるなよ」って思っているんですよ。でも、いまいちDDTの選手の中にはそこまで強くそれを思っている人がいないんで。だから合同興行とかがあったら、嫌でもノアの選手たちを近くで見ると思うんですよ。だからちょうどよかったなって。

——同じグループ内でも切磋琢磨していくと。

秋山　そうあってほしいなとは思いますね。べつに直接やらなくても意識はしてほしいなって。

——武藤さんは6・6さいたま大会についてはどう思っていますか？

武藤　6月だから、もしかすると俺もチャンピオンじゃなくなってるかもしれないけど。言っちゃなんだけど、俺はDDTのプロレスとかも得意だからね（笑）。

——武藤さんはもの凄い振り幅で、いろんな試合をやってきましたもんね（笑）。

武藤　そうだよ。俺なんかアイツらよりも早く、そういうのをやっていたわけでさ。プロレスの応用編も得意だからね。だから、もしベルトを巻いていなかったらDDTのそっちのほうに行ってやろうかなって（笑）。

——DDTのエンターテインメント路線に侵攻してやろうと（笑）。

武藤　ちょうど還暦になったとき、ノアとの2年契約が切れるから、そのあとDDTと契約するとかさ。それがちょうどいいかもしれないよな。DDTで俺が〝リアル・がばいじいちゃん〟になるとかさ（笑）。

――ダハハハハ！　杖をついて入場してきたりして（笑）。

武藤　そうなったら、ノアの若いヤツらとかとのキツい試合は秋山に全部任せるよ（笑）。

秋山　いやいやいやいや、そこは武藤さんがんばってください！（笑）。

――いや〜、夢が広がりますね（笑）。というわけで、お二人の今後に期待しています！

武藤敬司（むとう・けいじ）
1962年12月23日生まれ、山梨県富士吉田市出身。
プロレスラー。
柔道で全日本強化指定選手にも選ばれた実力をひっさげて1984年、新日本プロレスに入門。同年10月4日、蝶野正洋戦でデビュー。早くより将来のエース候補と目され、1985年11月にフロリダ州への海外遠征に出発。帰国後、UWF勢との抗争などを経て、1988年に再度海外へ。NWA（のちのWCW）でグレート・ムタとして大ブレイク。世界的な人気を博すことになる。新日本においてもIWGP王者、nWo JAPAN、TEAM2000として活躍するが、2002年1月に全日本プロレスに移籍。全日本退団後はWRESTLE-1旗揚げや『プロレスリング・マスターズ』主催などを行う。2021年2月12日、プロレスリング・ノア日本武道館大会で潮崎豪を下しGHCヘビー級王座に初戴冠。さらに2月15日に開かれたサイバーファイトの会見でプロレスリング・ノアに入団することが発表された。

秋山準（あきやま・じゅん）
1969年10月9日生まれ、大阪府和泉市出身。
プロレスラー。
専修大学を卒業後、全日本プロレス入団。1992年9月17日に小橋健太（現・建太）でデビュー。同年暮れの『世界最強タッグ決定リーグ戦』に病気療養中のジャンボ鶴田の代役として大抜擢され出場。大森隆男とのタッグでアジアタッグ王座載冠や、三沢光晴や小橋健太と世界タッグ王座を獲得するなど、四天王と並び「五強」と呼ばれる。2000年7月にプロレスリング・ノアへ移籍。2001年7月に三沢を破りGHCヘビー級王座を奪取。2011年10月には全日本プロレスの諏訪魔を破り三冠ヘビー級王座に君臨する。2013年7月に全日本に正式再入団。オールジャパン・プロレスリング（株）の代表取締役社長にも就任するが、2020年にゲストコーチを経てDDTプロレスリングへレンタル移籍を果たす。その後、全日本プロレスとの選手契約が終了。2021年2月14日、DDTカルッツかわさき大会にて遠藤哲哉の保持するKO-D無差別級王座に挑戦し勝利、同王座を初戴冠。2月15日、DDTへの正式入団及びヘッドコーチ就任が発表された。

MUTO BEAR

プロレスがわかれば世の中が、
そして世界が見えてくる。

斎藤文彦×プチ鹿島

プロレス社会学のススメ

活字と映像の隙間から考察する

撮影：タイコウクニヨシ　司会・構成：堀江ガンツ

第12回

独自の発展を遂げた日本の活字プロレスメディア

世界中のいたるところ、国や地域にプロレスはあれど、プロレスの活字メディアがここまで発展していったのは日本だけだ。

試合結果が新聞で報道されたり、多くのプロレス専門誌を誕生させてきた日本のプロレス。

それはいったいなぜなんだろう？　その答えを知られざる事実とエピソード、歴史から導き出す！

「東スポは力道山と盃を交わした兄弟分と言われた児玉誉士夫が作った。つまり当初からプロレス報道をするための新聞だったんです」（斎藤）

——今回は「プロレスと活字メディア」というテーマで話していこうと思うんですよ。日本のプロレスが他国と比べて特殊な進化をした理由のひとつとして、プロレスを報道する活字媒体の存在が大きいんじゃないかと思って。

鹿島　プロレスの試合すら報じない『KAMINOGE』みたいな媒体が存在しているわけですからね（笑）。

斎藤　『KAMINOGE』ってなんの雑誌なの？」ってよく聞かれるんですけど、プロレスの雑誌なんだけどプロレスの雑誌じゃない、こういう媒体はたしかにほかにはないです。

——『KAMINOGE』は活字プロレスが浸透した先に生まれたものですからね。

斎藤　なぜ、日本でプロレスの活字文化がこれだけ発展したかと言うと、まず諸外国の人々、特にアメリカ人と比べると、日本人がよく活字を読む国民だと言うことがあると思います。日本もいまは宅配の新聞の発行部数が減ったと言われていますけど、それでも読売新聞は毎日1300万部くらい刷っている。でも、アメリカで土曜版、日曜版以外のいわゆる毎日の習慣として新聞を購読している人って少ないわけです。

——そうなんですね。

斎藤　そして、ここ10年くらいで大小何百

社という地方新聞社が倒産しちゃってるんです。まあ、それはメディアの主流が活字からネットに移行したっていうのもあるのかもしれないけど、日本の場合は、最初から新聞を含めた活字媒体がプロレスをしっかり報道していたっていう背景はありますね。そのスタート地点として力道山の日本プロレスを後援したのは毎日新聞ですから。

——昔は自宅や通勤電車で新聞を読む人が100パーセント近くいたわけですけど、プロレスはその新聞に載ってるコンテンツだったという。

鹿島　東京スポーツなんかは創刊当初から、プロレスと一緒に伸びてきたわけですよね。プロレスの人気を上げるための媒体でもあって。

斎藤　東スポってプロレス黎明期からあるように思われていますけど、創刊したのは昭和35年（1960年）。力道山が亡くなる3年前なんですね。

——力道山時代の末期創刊で、日本プロレスの黎明期からあったわけではないと。

斎藤　そうなんです。ロッキード事件で有名な児玉誉士夫が作った新聞ですからね。力道山とは盃を交わした兄弟分と言われた。当初からプロレス報道をするための新聞だったんです。

——それは東スポと日プロ、双方にとってメリットがあったっていうことなんでしょうね。日プロにとっては全面的に報道してくれる新聞があったほうがいいし、東スポのほうはプロレスという幹があると大きな武器になると。

斎藤　だから東スポは最初からプロレスと密な関係を持った新聞で、東スポと前後して夕刊紙文化っていうのが日本にはあったわけですよ。なんとか毎夕新聞とか、なんとか日日新聞とか。

鹿島　大阪にもたくさんあったんですよね。

——『週刊ファイト』の母体だった新大阪新聞なんかがそうですよね。

斎藤　ボクたちの大先輩にあたる（プロレス評論家の）菊池孝さんもじつは地方紙、夕刊紙の社会部記者あがりだったんです。駅売りの夕刊紙というと、いまそのカルチャーが残っているのは『日刊ゲンダイ』と『夕刊フジ』だけになってますけど。

鹿島　タブロイド紙はそうですね。

斎藤　そういう新聞が当時は7、8紙あって、そのほとんどがプロレスを報道していた。

——扱う内容が、政治、スポーツ、ギャンブル、あとはエロっていうことですよね（笑）。

鹿島　イメージで言うと、高度経済成長期に会社で仕事をしたお父さんが帰りの電車のなかで読んで、最寄り駅に着いたら網棚に置くとかゴミ箱に捨てるっていう。

斎藤　おうちに持って帰れない新聞ですね。

鹿島　でも、記者の方からすればそれもプライドを持って作ってたらしいですよね。読み捨てられるのがいいんだっていう。

斎藤　そうです。生きた媒体みたいな。菊池先生もそういう言葉を使っていいのかはわからないけど、当時のランゲージで言えば〝サツ回りの記者〟だったわけです。いわゆる事件記者みたいな感じで。だから菊池先生も、最初の頃はプロレスの記事を書くことを良しとしていなかったけど、スポーツ担当になったことがきっかけで、生涯プロレス記者になった。

鹿島　プロレスと夕刊紙は相性が良かったんでしょうね。朝刊のスポーツ紙は記事もけっこうカタめですけど、夕刊紙になるとゴシップ度が高めで。仕事が終わって家に帰るまでに読むちょっと塩分高めの記事というか、そういうのが求められてるから。

斎藤　ひとつの娯楽ですよね。

鹿島　だから夕刊紙はカロリーが高い記事が多いという。

斎藤　夕刊紙のうしろのほうには三行広告みたいなものも入ってましたから、いまで言うところの風俗情報、出会い系みたいな役割もはたしていた。

鹿島　欲望が全部入ってたわけですね。その中で東スポは、80年代までは1面はほぼプロレスで、90年代以降は「マドンナ痔だった」とかそういう方向にどんどん変わっていきましたけど。それでもプロレスを1面で報じてましたよね。

斎藤　もともと東スポの記者って、シリーズ興行の全日程についていたんです。昭和のプロレスは1シリーズが4～6週間の巡業でしたけど、毎日一緒に行っていた。そうすると団体と記者、あるいは選手と記者が特殊な関係になる。地方興行で記事になるようなニュースが毎日あるわけではないので、団体からいただいたアングルを載せるっていうのが、ひとつの仕事になっていた。

鹿島　政治家と番記者みたいな感じですよね。

「東スポやプロレス雑誌が事実上の〝公文書〟であり歴史書になった。そうなると団体とマスコミが一緒に歴史を作ってくれたわけですね」（鹿島）

――前回、「プロレス団体はテレビ局に対して手の内をすべて見せなかった」という話が出ましたけど、東スポにはすべてさらけ出していたというか、東スポがすでに〝中の人〟なわけですよね。

鹿島　だって藤波辰爾さんが社長時代、東スポの記事で新日本プロレス内部の情報を知って、寝耳に水ってことがよくあったくらいですから（笑）。

斎藤　でもいまはその東スポも格闘班というセクションがなくなって、遊軍の記者がページを担当するようになったけど。長い間、格闘面がしっかりあって、そこを支える部署もあったんです。

鹿島　いまは岡本記者が、内藤哲也にファミレスでインタビューして、毎回食い逃げされるっていう記事なんかでがんばってますけど。昔はもっと中に加わっていたわけですよね。

斎藤　もちろん。90年代に新日本の中枢で権力を握っていた永島（勝司）さんは、もともと東スポの猪木番記者でした。

鹿島　総理番記者が首相補佐官になっちゃったみたいな（笑）。

斎藤　そうなんですよ。それ以前も山田隆さんは馬場さんの全日本、桜井康雄さんは猪木さんの新日本、そしてお二人より2年ほど後輩の門馬忠雄さんは国際プロレス担当で、それぞれテレビ解説もしていた。

鹿島　その棲み分けと、入り込み方が凄いですね（笑）。

斎藤　そして3人とも筆力がある方たちだったんですね。

鹿島　桜井さんなんかは、レスラーの異名、ニックネームなんかはほとんど付けたらしいですしね。

斎藤　桜井さんは当時、APやUPIの外電から、時のNWA世界チャンピオンの王座防衛戦の写真が送られてくると、その電送された1枚のモノクロ写真をじーっとにらんで、想像して、試合経過まで書いちゃったという伝説がある。凄いですよ。

――写真が脳内で動き出したんですね（笑）。

斎藤　それはジャーナリストとして正しいのかっていうと、たぶんスポーツの〝報道〟にはならないかもしれない。でもボクらが子どもの頃に読んでいたものの多くは、そういった物語の記事でもあったんです。

――『週刊ファイト』のI編集長が、自分の記事のことを「井上小説」と呼んでましたけど、東スポの記事もまた、オフィシャル発表の「東スポ小説」だったわけですね。

鹿島　『プロレススーパースター列伝』とか、『プロレススターウォーズ』は、「これは漫画だからおもしろい」と思ってましたけど、東スポの報道もそれと似たようなことをやってたわけですね。

斎藤　そのままだったと思いますよ。

鹿島　そう考えるとプロレスの活字報道というのもほかにはなかなかない、おもしろいジャンルですよね。

斎藤　ただ、記事のディテールはフィクションが多分に混じっていても、きっちりと試合の記録を残したという功績も、日本のプロレス活字報道にはあったんです。馬場さんや力道山のインターナショナルヘビー級王座の防衛回数や試合会場、ワールドリーグ戦の全戦績に至るまで、東スポやプロレス月刊誌が記録したからこそ、いまも残っている。すべての団体が記録をつけていたわけではなかったと思いますから。

――その記録があったからこそ、「ジャイアント馬場5000試合達成記念試合」とかができた、という（笑）。

鹿島　東スポやプロレス雑誌が、事実上の〝公文書〟であり、それが歴史書になった。そうなると、団体とともにマスコミが一緒に歴史を作ってくれたわけですね。

斎藤　それはそうですね。実際に共有することができたし。いまのウィキペディアに載っているタイトルの歴史なんかでも、一次資料は東スポやプロレス雑誌だと思います。ネット上のプロレス記事はその孫引きの孫引きだったりする。

鹿島　フミさんは以前、「日本のプロレス記者には〝三大始祖〟がいる」っていう話をされてましたよね？

斎藤　そうなんです。競馬のサラブレットはさかのぼると3頭血統に戻ると言われますけど、プロレス昭和史の文献も明治生まれの田鶴浜弘さんと、大正生まれの鈴木庄一さん、それから昭和7年生まれの桜井康雄さん。この3人に戻るわけです。

鹿島　すべてそこにサラブレッドの血があるわけですね（笑）。そうなると明治生まれの田鶴浜さんは、80年代初頭まで『全日本プロレス中継』の解説をされてたのでボクも憶えてますけど、元祖プロレス記者ってことですね。

斎藤　田鶴浜さんは、戦争で中止になり幻に終わった1940年の東京オリンピックのJOC委員だったんです。

鹿島　凄いですね！　1964年の東京オリンピックじゃなく、戦前の1940年のほう（笑）。もともとは、何をされていた方なんですか？

斎藤　もともとは、いまで言うスポーツライター、新聞記者ですね。ベルリンオリンピックが終わった翌1937年、田鶴浜さんはJOCの委員として船でアメリカに渡った。その時、マジソン・スクエア・ガーデンでプロレスを観ているんです。

――ジョン万次郎みたいな話ですね（笑）。

鹿島　文明開化みたいな（笑）。

斎藤　その時に観たのがスタニスラウス・ズビスコの試合。もっと凄いのが、渡米前に「田鶴浜くん、プロフェッショナルレスリングというおもしろいものがアメリカにあるから、観てこなきゃダメだよ」って進言した人が、田鶴浜さんの早稲田大学の先輩でいるわけですよ。それは、アド・サンテルと闘った庄司彦男さんなんです。凄い話でしょ？

――アド・サンテルvs庄司彦男は、大正時代に行われた、日本初のプロレスvs柔道の異種格闘技戦ですよね。MMAの原点とも言われる。田鶴浜さんはその庄司さんに、「アメリカにはプロレスといいものがある」と聞いていた、と（笑）。

鹿島　大河ドラマみたいな話ですね（笑）。

斎藤　力道山が存命時は、プロレス史そのものが力道山から始まらなきゃいけないから、ソラキチ・マツダの話とか、マティ・マツダの話は活字にならなかったわけです。

――「日本のプロレスは力道山によって始まった」という〝力道山史観〟によって、〝紀元前〟の話は封印されたわけですね。

鹿島　でも田鶴浜さんは、その紀元前のプロレスを目撃しているのが凄いですね。

斎藤　「力道山が凄いイマジネーションと行動力で、プロレスという新しいスポーツ・エンターテイメントをアメリカから輸入した」っていうのが、日本におけるプロレスの〝表の歴史〟ですね。でも実際には、力道山は相撲を辞めたあと1年のブランクがあって、渡米前は建設現場で現場監督として働いていたわけです。

――力道山個人が、ベンチャー企業のような形で立ち上げたような話には無理があると。

斎藤　そうなんです。日本プロレスの表の歴史は、力道山が昭和26年（1951年）にボビー・ブランズ一行の進駐軍慰問興行のプロレスに飛び入り出場するところから物語は始まるんだけど、そのあとサンフランシスコに1年半送り込まれるわけじゃないですか。そこでメインイベンターのお勉強、プロモーターのお勉強、マッチメーカーのお勉強、テレビ番組作りのお勉強、団体運営のお勉強をして日本に帰って来ると、日本プロレス協会ができていて力道山を待ってるわけです。そのあとまた地固めでアメリカに行ってるんですけど、よく考えると日本のパスポートを持って行ってます。帰化した記録はないのに。力道山を応援する読売新聞、日本テレビとか、時の自民党副総裁である大野伴睦という人がいて、協会発足のプレスリリースの発起人の欄には、その人たちと同じ段の10行くらい先に山口組の三代目・田岡一雄組長がいたり、表も裏もみんなで力道山を盛り立てたんですね。

鹿島　アイコンとして担ぎ上げられたわけですね。

――ベンチャー企業どころか、国家プロジェ

「東スポはオフィシャルのようなものだから、全日本や新日本が記者会見をやるとその内容を事前に知らされていた」（斎藤）

クトですね（笑）。
斎藤　そしてプロレスは、テレビという新しいメディアのキラーコンテンツになった。だから、力道山個人が凄いイマジネーションでプロレスを日本にもたらしたというのは昭和の寓話であり、日本のプロレスは、最初からメディアによる巨大プロジェクトのメガイベントなんです。
鹿島　それを考えると凄いですよね。
斎藤　その証拠に、力道山&木村政彦 vs シャープ兄弟はNHKと日本テレビの両局で放送してるわけですから。
鹿島　サッカーワールドカップの日本戦みたいな感じですよね。NHKも民放もやってるっていう。
――当時の人々には、本当にオリンピックやワールドカップのような世界選手権に見えたんでしょうね。
斎藤　力道山のフィニッシュホールドも、冷静に考えると「逆水平チョップ一発でフォールを奪えるの?」っていう素朴な疑問があるじゃないですか。
鹿島　いま風に言うと、フィニッシュの説得力としてクエスチョンマークが出てもおかしくない。
斎藤　でも、毎試合それをフィニッシュとして使い続けて、テレビの実況では「力道山の空手が出ました!」と叫び、翌日の新聞で「空手チョップが炸裂」と書かれたら、あれで勝っても全然おかしくないどころか当然のルーティンになるんですね。
――「力道山のチョップを食らったら、相手はひとたまりもない」ということが、脳にインプットされるわけですよね。
斎藤　それは、メディアの力なくしてはありえないわけです。そう考えると、力道山と日本のプロレスがいかにメディアとの親和性が高くて、活字もその中のひとつだったかがわかると思います。
鹿島　それを朝刊の一般紙が報じていたわけですもんね。
斎藤　ただ、朝日新聞は早い時期に「プロレスはきっとこういうジャンルだから」って、スポーツ面から消しちゃったんですよ。
――共犯関係から外れたわけですね（笑）。
斎藤　まあ、そういうことでしょうね。力道山 vs 木村政彦の前に、木村政彦に誘導尋問みたいな形で力道山の悪口を言わせたのも朝日新聞の地方記者でした。「力道山のプロレスはショーで、八百長で、ホントにやったら私のほうが強い」っていう木村政彦のコメントが朝日新聞の大阪版（1954年11月1日付）に載って。それから3週間後には日本プロレス協会が対戦発表の記者会見をやってる。じつに用意周到なんです。
――その時点ではまだ、朝日新聞もアングルの片棒を担いでたってわけですね。
斎藤　それで試合結果は、ああいった凄惨なものになって、あの力道山 vs 木村を機に報道を辞めてしまった媒体も多かったようなんです。ただ、どういう成り立ちのスポーツであるかは別として毎日新聞はずっと後援についていて。それで力道山時代の最後の3年くらいに満を持して、プロレスを毎日報道するための新聞、つまり東スポが登場するわけです。
鹿島　長州さんが新日本の現場監督時代、「東スポさえあればいい」って言ってましたけど、東スポは最初から団体発表をそのまま載せるためのメディアだったわけですね。それで長州さんからすると、プロレスに理屈をつけた〝活字プロレス〟的なものはいらない、東スポ的な報道だけでいいんだ、となる。

斎藤「俺たちがプレゼンしていないことを、なぜ書くのか」ということだったと思うんですね。一方で、東スポはオフィシャルのようなものだから、全日本や新日本が記者会見をやると、その内容を事前に東スポだけに教えていたりもした。

——午後3時からの記者会見の内容が、なぜかその日の午後2時ごろからキオスクで売ってる東スポには、すでに載っているという（笑）。

鹿島 いまでもありますよね。スクープみたいにSNSで見たものが、その日の東スポを買ったら普通に載ってるっていう（笑）。

斎藤 普通に記者会見の内容を記事にしていたら、翌朝の各スポーツ紙に載ったあとに夕刊の東スポという順番になるから、〝身内〟には事前に教えておくんですね。

——だから記者会見の時、デイリースポーツの宮本（久夫）さんあたりが、よく怒ってましたね。「もう載ってるじゃねえかよ！」って（笑）。

斎藤 宮本さんは新聞記者でジャーナリストだから、それが凄く屈辱的なことだったと思うんです。なぜ東スポだけがそうなんだって。やってらんねえやって。

鹿島 〝ひとり記者クラブ〟みたいな感じですよね。ホントにプロレスは時代の先を走ってるなと思うのが、たとえば首相会見は記者クラブに加盟している媒体はいいけどフリーは参加できてもなかなか質問が当たらないとか、そういう話になるじゃないですか。でもプロレスはずっとそうでしたよね。番記者的な人が広報の役割もしていて、ターザン山本的なそれに沿わない論評をする人がその世界では嫌われるという。いまの政治報道の構図はプロレスがずっとやってたじゃんってボクは思うんですよ。

斎藤 ジャーナリスティックな本来の意味での〝報道〟ではなく、テレビや新聞が、政府の発表をそのまま載せる〝広報〟になってしまっている問題ですね。

——安倍前首相の「読売新聞を熟読していただければいい」って言葉は、長州力の「東スポさえあればいい」と一緒ですもんね（笑）。

鹿島 だからターザン山本は、菅官房長官時代の会見における東京新聞の望月（衣塑子）記者みたいな感じだったかもしれない（笑）。

斎藤 山本さんは、もともと大阪の『週刊ファイト』から東京に来て、ベースボール・マガジン社に移籍した人なので、否が応でもアウトサイダーですよ。ボクが新米記者だった頃、山本さんは記者会見に行くたびに「東スポ、ゴングだけが知っててしゃらくせえ！」って言ってましたね。

鹿島 だから、いまの政治報道の構図について賛否言われてますけど、ボクはプロレスマスコミでずっと見てきた構図だなと思ってるんですよ。

斎藤 ボクがベースボール・マガジン社でアルバイトしていた1981年の夏、山本さんと全日本のシリーズ開幕前の記者会見に行ったことがあるんです。外国人レスラーが勢揃いしていて、そこに国際プロレスが潰れて行き場を失ったジプシー・ジョーが乱入してくるっていう時で。その会見前、記者やレスラーはホテルのラウンジの各テーブルでお茶してたんですけど、その時、山本さんが「見てみろ。ウォーリー山口が、外国人レスラーの各テーブルに行って、会見の根回しをしてるぞ。おまえ、見ておけよ」って、耳打ちするんですよ。

「王道的なゴングを、サブカルのゲリラ的な週プロがひっくり返すっていうのは時代の要請でもあったと思います」（鹿島）

——これがプロレスの舞台裏だぞと（笑）。

斎藤　ジプシー・ジョーが乱入したり、ジノ・ヘルナンデスがリッキー・スティムボートを襲うとか、そういう段取りをウォーリー山口がすべて根回ししていて、要するにアングルを伝える役をしているわけなんです。

——そのウォーリーさんは、ゴングの〝中の人〟なわけですしね（笑）。

斎藤　それで記者会見は、ジョー樋口さんが通訳をしながら行われるんですけど、質問を当てる相手が、ゴングの竹内宏介さんと、東スポの川野辺修さんだけなんですよ。川野辺さんが代表質問をして、その答えをみんながノートに取るっていう流れだった。

鹿島　それはまさに、早すぎた首相会見ですよ！（笑）。

斎藤　山本さんはそれを見て、「しゃらくせえ！」と。

鹿島　だから山本さんは異端児なのかもしれないけど、外の価値観で見れば、当然「なんだこれは？」って思うわけですよね。

斎藤　山本さんはああ見えて、ちゃんとジャーナリストなんです。「団体が喜ぶことよりも読者が喜ぶことを記事にしなかったら、なんの価値もないぞ」と、よく言ってましたから。

鹿島　その頃の山本さんはやっぱり凄いですね。いま、思わず「その頃の」って言っちゃいましたけど（笑）。

斎藤　アブドーラ・ザ・ブッチャーが全日本から新日本に電撃移籍したときも、噂はキャッチしていたけれど、団体から情報はもらっていないボクたちは、「（新日本の定宿の）京王プラザホテルに宿泊しているはずだ」ってことで、ホテルのロビーで山本さんと半日くらい張ってたことがあった。逆にタイガー・ジェット・シンが新日本から全日本に移るときは、全日本の定宿だった品川の東武高輪ホテルのロビーでずっと待ってたりしましたね。

鹿島　ロビー外交ならぬロビー取材ですね（笑）。

斎藤　写真週刊誌みたいな感じですね。

鹿島　それは完全にジャーナリストですよね。つかんだ情報を頼りに、自分の足で直接行っちゃうわけだから。

——そういう報道姿勢が、プロレス雑誌の週刊化。『週刊プロレス』誕生につながったんでしょうね。

鹿島　当時は、外国人レスラーの引き抜きや、選手離脱、新団体設立なんかが続いていたので、王道的なゴングを、サブカルのゲリラ的な週プロがひっくり返すっていうのは時代の要請でもあったと思います。

斎藤　ゴングだったら二の足を踏んじゃうようなことが次々と起こったんですよ。たとえば、タイガーマスクが突然引退宣言したあと、佐山さんを大きく取りあげたら、新日本に睨まれるからやらないとか。

——団体分裂によってマット界の秩序が崩れたことで、東スポ、ゴング体制のオフィシャル発表路線も崩れていったということですね。

斎藤　当時、第一次UWFやジャパンプロレスのことを「第三団体」と呼んでいたじゃないですか。新日本、全日本のオポジションとなる第三団体の旗揚げというのは大事件で、その記事を書くということは、新日本を刺激するということでしたから。

鹿島　新日本のご機嫌を伺っていたら、UWFやジャパンの記事は書けなかったんですね。

斎藤　週プロだけじゃなく、ゴングもファイトもビッグレスラーも、新日木や全日本が嫌がっても、ちゃんと事実を客観的に報道しないと成り立たなくなっちゃったんです。

鹿島　ちゃんとした情報を求めてる人からすると、「なんでここを書かないんだ！」ってなりますよね。

斎藤　週サイクルの専門誌が4誌（紙）出揃い、競争が激しくなったのでより早く、より正確な情報を記事にせざるを得なくなったんだと思います。

鹿島　それまでは新日本か全日本、どっちかの団体の巡業についていって密な関係になれば報道はできたんだけど、ジャーナリストとしての姿勢も求められるようになってしまったわけですね。

斎藤　第一次UWFから新間さんが離れて、独立独歩の道を歩もうとしたとき、新日本側は「UWFは潰れたので、ウチと再合体して収束した」と発表していたんだけど、山本さんがUWF浦田社長に話を聞きに行ったら、「いや、ウチは次のシリーズもやりますよ」と言うので、その情報も載せる。だから、あの時代からプロレスマスコミがジャーナリズムになったんじゃないですか。

――新日本側の発表と異なることでも載せたわけですね。

鹿島　そうなると、いろんな情報が出てるから読者としても読み比べせざるを得ないですよね。だからあの頃の各媒体のプロレス報道はおもしろかったし、それこそ各紙読み比べる、いまのボクの芸風につながるものがありますよ。

斎藤　あとは第三団体が出てくることによって、マット界のバランスが崩れると考えた人もいて、馬場元子さんが1984年頃ですか、山本さんに「あんたが余計なことをするから、あんなのができちゃったでしょ。第三団体はいらないんだから」って釘を刺したんですよ。

鹿島　それは権力者の発言ですね（笑）。

――2大政党で秩序がせっかく保たれてたのに、余計なことするな、と（笑）。

斎藤　それで当時、週プロの記者が全日本の取材に行くと、だいたい会場入口でいじめられるわけです。取材パスも青いパスと赤いパス（それぞれ1社につき2名まで）があって、青いパスでは制限があるけど、赤いパスならバックステージ、控室まで行ける。ボクとかを見ると「はい、青」って最初から青いのをくれて区別するんですよ。

鹿島　元子官房長官ですね（笑）。

――でも、当時はコメントブースなんてないから、控室まで行かないとコメントも取れなかったんじゃないですか？

斎藤　そうなんです。だからコメントを取りたいから青いパスでバックステージに入ろうとすると仲田龍さんが近づいてきて、「あんたのパスは青だからとにかく出て行け！」って。凄いいじめみたいな空気があった。

――昔からあのキャラクターだったんですね（笑）。

斎藤　週プロでは、東スポのようにレスラーが言ってもいないことを膨らませて書いたらダメ、ちゃんと選手が言った通りの言葉で書かなきゃダメだっていう山本さんの教えがあったんです。

鹿島　凄くまっとうな報道の仕方を採り入れたってことですね。

「もしかしたら、かつての活字プロレス読者のようなプロレスファンそのものが絶滅しかけているのかもしれない」（斎藤）

――だからこそ、アングルだけにとどまらないコメントをしゃべる選手がどんどんスターになっていきましたよね。前田さんにしても長州さん、天龍さんにしても。

鹿島　自分の言葉を持ってる人ですよね。

斎藤　あとから考えれば、それもやがてプロレスのアングルになっていくという面もあった。

鹿島　先に本音の言葉があるからこそ、そこにリアリティが生まれるわけですよね。

――ただ、そうやって自由報道で力を持った週プロが、最終的には長州力に目をつけられることになるわけですよね。

斎藤　週プロが創刊される前のデラプロ（デラックスプロレス）時代、維新軍としてブレイクした長州力と山本さんは、超仲良かったんですよ。

――長州の自宅まで行ってたわけですもんね。

斎藤　だけど、その長州力も〝作る側〟に回ると、「ああいう記事の書き方はやめてくれ」となったんだと思います。プロレス団体から見れば東スポ、ゴングの書き方でいいんだと。ジャーナリズムなんていらないと。

鹿島　広報に徹してくれたほうが、団体としてはやりやすいってことですよね。

斎藤　論評をされると、「かえって俺たちのプロレスを難しくするからやめてくれ」っていう発想はずっとあったと思うんです。でも、プロレスマスコミという村社会の中であってもジャーナリスト的な姿勢が確立されたことは良かったと思うんです。

鹿島　ホントそうだと思いますよ。だからこそ、日本のプロレスは特異な発展を遂げたんだと思いますから。

――でも、新日本の週プロ取材拒否を受けてのターザン山本退陣によって、プロレスメディアの報道姿勢が、極めてオフィシャル発表に近くなっていったじゃないですか。それは、ターザン辞任から20年以上経って、さらに顕著になっている気がします。

斎藤　いまの週刊プロレスは新日本プロレスマガジンみたいですね。表紙をめくると最初の見開きに新日本の広告が毎号どーんと載ってるわけです。そうなると4ページ目の巻頭カラーは、必然的に新日本の試合グラビアになるんです。

鹿島　広告を出向してもらってる手前、へたなことは書けないというのは、テレビCMや新聞広告なんかでもたびたび問題視されますよね。

――あと、いまはSNSの時代じゃないですか。たとえば、ある論評記事があって、選手がSNSで「それは自分が意図していることと違う」「ちゃんと話を聞きにきてから書いてほしい」とか書くと、ファンはすべて選手が正しくて、その記事は無価値みたいに断罪されるという。そんな風潮もある気がするんですよ。

鹿島　それは河野太郎問題と同じですね。河野氏が「フェイクニュース」とツイートすればそれだけで信じちゃうみたいな。ホントは論評とか検証があってもいいはずなのに「いや、だって本人が言ってるじゃん」で終わってしまう人もいる。

――本来、どんなプロスポーツや、映画のようなエンターテインメントでも、批評があるのは当たり前だと思うんですよね。それはすべて、監督や選手に単独取材した上で書かなければないものでもないし。

鹿島　それは結構大きい話ですよね。演者本人が「自分の考えとは違う」と言ったところで、その論評は観た人が思ったことだから間違えではないわけですよ。だけどファンからすると、「本人が言ってるんだから」となってしまう。ちょっと薄いトランプ手法ですよね。

斎藤　ボクもいまのファンがプロレスをどう捉えているのか、ちょっとわからない部分があるんです。プロレス団体が提供するものに対して、あえて「おもしろい」「おもしろくない」と言わないファンが多い気がします。

――なんか、マスコミに対して批評を求めてない気がしますね。たとえば、昨今のIWGP王座統一問題についても「飯伏幸太と内藤哲也の考えが対立しています」とか「ファンからは、こういう意見が多いです」という〝情報〟を報道してくれるだけでよくて。「両方のベルトの歴史を考えると、こうこうこういうわけで、本誌は統一に反対です」みたいな、論評は必要としない。むしろ「批判」と捉えて嫌がるようなところさえあるんじゃないかと。

鹿島　なるほど。批評自体がいらないんだと。

――だからボクは、そういったファンのニーズの変化を感じて、コラムなんかでは〝いい話〟ばかり書くようになっていたりするんですけど（笑）。

鹿島　そこは、いまの世の中にもつながる大事な話だと思いますよ。〝美談〟や〝感動〟しかいらない、みたいな。しかも、プレイヤー側までそう思っているとすると、けっこう深刻な話になりますよね。

斎藤　もしかしたら、かつての活字プロレス読者のようなプロレスファンそのものが、絶滅しかけているのかもしれない。もちろん、いまのプロレスが好きなファンでも活字プロレスが好きな層もいるでしょうけど、媒体自体がなくなっていることもある。2006年、2007年に『ファイト』も『ゴング』もなくなり、駅売りのスポーツ紙の『内外タイムス』『レジャーニュース』あたりもなくなってしまった。かといって、いまの『週刊プロレス』を昔からのプロレスファンが読んでいるとも思えないし。

鹿島　最後にきて大事な話が出ましたね。批評がない空間はジャンルとしてそれでいいのかっていう。これはプロレスだけじゃなくて実は世の中の話にも繋がってますからね。

斎藤　いま電車に乗ってもスポーツ新聞を読んでる人なんていないじゃないですか。家で読売、朝日、毎日といった一般の新聞を読んでいる人も少ない。新聞も読まない、テレビのニュースも観ないでネット情報に頼るという層が確実に増えています。記者が書いたものが活字として世に出るまでには、担当編集者がいて、編集長がいて、校閲があって、取材された側の校正チェックがあって、それなりに高いハードルがある。ネット上の文字はそういったプロセスを全部すっ飛ばして世に出てしまうことがある。この区別がつかない人が増えている。

鹿島　ネットニュースが無料で読めるじゃん、みたいな。なんだったら、ネットの記事すら必要なく、見出しだけでいいじゃんっていう。でもそれは結局、論評はいらないってことですからね。論評すると「なにをお前は批判してるんだ！」ってなるという。そうしたら権力側は、もうやりたい放題ですよ。

斎藤　でもネットの情報だけを追っていくと、特に中年以上の人たちはいきなり陰謀論にハマったりする現象が起きているんですね。従軍慰安婦のこと、アメリカの大統領選のこと、そしてコロナ禍とワクチンのこと。なんでも陰謀論。

鹿島　本来、取材して裏どりしたものを提供してくれるのが記者であり、メディアなんですけど。それがいらないとなると、〝ネットに真実がある〟みたいな話になっちゃうじゃないですか。

斎藤　「メディアが書かない真実」みたいなものを、なんで2〜3分ちょこっとググっただけで、発見できると思ってしまうのか？　出所すら怪しい〝真実〟とやらのほうを信じてしまったりするのか？　だからリテラシーが大切なんです。

鹿島　この「プロレスと陰謀論」は、いろいろ語れると思うので、またあらためて別の回でやりましょう。これは絶対におもしろい話なので。

——では、また次回、さらに深く語っていきましょう！

斎藤文彦
1962年1月1日生まれ、東京都杉並区出身。プロレスライター、コラムニスト、大学講師。
アメリカミネソタ州オーガズバーグ大学教養学部卒、早稲田大学大学院スポーツ科学学術院スポーツ科学研究科修士課程修了、筑波大学大学院人間総合科学研究科体育科学専攻博士後期課程満期。プロレスラーの海外武者修行に憧れ17歳で渡米して1981年より取材活動をスタート。『週刊プロレス』では創刊時から執筆。近著に『プロレス入門』『プロレス入門II』（いずれもビジネス社）、『フミ・サイトーのアメリカン・プロレス講座』（電波社）、『昭和プロレス正史 上下巻』（イースト・プレス）などがある。

プチ鹿島
1970年5月23日生まれ、長野県千曲市出身。お笑い芸人、コラムニスト。
大阪芸術大学卒業後、芸人活動を開始。時事ネタと見立てを得意とする芸風で、新聞、雑誌などを多数寄稿する。TBSラジオ『東京ポッド許可局』『荒川強啓デイ・キャッチ！』出演、テレビ朝日系『サンデーステーション』にレギュラー出演中。著書に『うそ社説』『うそ社説2』（いずれもボイジャー）、『教養としてのプロレス』（双葉文庫）、『芸人式新聞の読み方』（幻冬舎）、『プロレスを見れば世の中がわかる』（宝島社）などがある。本誌でも人気コラム『俺の人生にも、一度くらい幸せなコラムがあってもいい。』を連載中。

鈴木みのるのふたり言

第93回

自分が信じた道を

構成・堀江ガンツ

――鈴木さんは先日、SNSで「夢はでっかく！　悔いのない人生を送ろうぜ」みたいなことを書かれてましたよね？

鈴木　ああ、あれね。ちょうどこの季節、若者が新しい進路とか決める時期だからさ、なんかちょっとそんなことを考えてたんで書いてみたんだけど。

――若者へのエールでしたか。

鈴木　俺はそうやって生きてきたよって。いまは情報が溢れすぎているし、まわりの大人が夢の芽を摘むからすぐに諦めてしまう人が多いと思うんだよね。俺なんかの場合、中学の進路相談で先生に志望校とか希望進路をいくつか書いて提出しなきゃいけないとき、「新日本プロレス。以上」って書いて出したんだけど。

――第2希望も第3希望もない（笑）。

鈴木　そうしたら職員室に呼び出されて「高校ぐらい行かなきゃダメだ」って言われたんだけど、「いや、俺はプロレスラーになります。ほかはいっさい考えてません」って言ったら、今度は親が呼ばれて説得されてね。それでも折れなかったら、「おまえ、いつまでもそんなこと言ってるんだったら親子の縁を切るから出て行け！」って言うから「やったー！」と思ってさ（笑）。

――家を出て、新日入りするお墨付きをもらったと（笑）。

鈴木　でも、そうしたら「ちょっと待て！」って言われて（笑）。プロレスラーっていうのは子どものときに初めて本気で将来なりたい自分の姿だったんだよね。だからそれ以外はいっさい見えてなくて。

――それは中学のときに思ったんですか？

鈴木　中学3年だね。それまでプロレスは好きだけど、レスラーになるなんて思ってなかったのが、第1回IWGP決勝戦でアントニオ猪木がハルク・ホーガンに負けた姿を見て、「俺が仇を取る！」って本気で思ったんだよ（笑）。それまで小さいときからずっと剣道をやってたから、剣道で声をかけてくれた高校もあったんだけど、「剣道も辞める」って言ってね。

——すべてを投げうってでも、ホーガンを倒すんだと（笑）。

鈴木　で、親父と話すことになってさ。「なんで辞めるんだ。剣道はもういいのか？」って言われたとき、「竹刀を持って闘うのは上田馬之助だと思う。俺は違う。猪木になりたいんだ」って本気で親に言ったんだよ（笑）。

——お父さんもビックリですよね。「上田馬之助にはなりたくない」って息子に言われて（笑）。

鈴木　親父もプロレスが好きだから「上田馬之助!?　たしかに猪木のほうがいいけどな」って納得し始めて（笑）。

——進路から話が変わってきちゃってますよ（笑）。

鈴木　俺が小学生の頃、実家の酒屋に立ち飲みコーナーがあったんだよ。よく俺は家の手伝いもしていて、そうすると店のお客さんに「いい跡取りができたね」なんて言われたりするんだけど、そのとき親父は「跡取りなんかにはしねえよ。コイツは世の中に出てデッカイことするから」って言ってたんだよね。その頃はプロレスラーになりたいなんて考えてなかったから、「えっ、なんで？」って思ってたんだけど。

——お父さんは大物になりそうな予感がしてたんですかね。

鈴木　そんなことがあったから、最後は納得してくれてね。中3の夏休みに、初めて書いた履歴書を持って横浜から渋谷までひとりで電車に乗って、当時、六本木通りにあった新日本の事務所まで行ったんだよ。

——郵送じゃなくて、直接持って行ったんですか。

鈴木　それで「プロレスラーになりたいんですが」って言ったら、歳を聞かれて「ウチは中卒は取ってないんだよ。高校を出てからおいで」って言われて門前払いを食ったんだよ。でもパンフレットか何かに「16歳以上」って書いてあったから「おかしいなあ……」と思ったら、エレベーターが閉まる瞬間に「勘違いしたガキが来たんだよ」「レスラーになれるわけねえじゃん」って事務所の人が言ってる声が聞こえたのは忘れられないね。それで悔しくて泣きながら渋谷駅まで歩いて帰ってさ。そこから人生が変わっていったね。

——門前払いにされても諦めようとは思わなかったわけですか。

鈴木　まったく思わなかった。家の酒屋でも「俺、プロレスラーになる」っていろんな人に言ってたんだよ。子どもの戯言だよね。そうしたらある日、身体のデカいオジサンがお客さんで来て「なんだボウズ、プロレスをやりたいのか？　俺、元プロレスラーなんだよ。そこでジムをやってるから遊びにおいで」って言われて、短パン、Tシャツ姿のままジムに連れて行かれたんだよね。そこで初めてヒンズースクワットをやらされて。「俺は昔、馬場と猪木にも教えたことあるんだよ」とか言ってるから「ウソつけ。こんなおっさん知らねえよ」と思ったんだけど、白黒の写真を見せてもらってね。猪木さんと馬場さんがプッシュアップしてる横で竹刀を持って立ってた人がそのオジサンだったんだよ。その人は日本人初のボディビルダー出身のプロレスラー、金子武雄さんっていう人で。

——藤原（喜明）さんも新日本に入る前に教えてもらっていた人ですよね。

鈴木　それもあとで知るんだけど、スカイジムの金子さんだったの。そこから「タダでいいから遊びに来い」って言われたんで、毎日行って練習させてもらってたんだよ。格闘技経験なんかまったくなかったけど、スパーリングもさせてもらって、要は〝ラッパ〟を吹かされてね。

——そこから横浜高校へはプロレスラーになるために入ったんですか？

鈴木　そう。担任は女の先生だったんだけど、俺があいかわらず進路相談で「プロレスラーになる」って言ってるから、その先生は体育の先生に言ったんだろうね。その先生は体育大卒業で「俺も授業でレスリングをやったことがある。長州力やジャンボ鶴田はオリンピックに行ってスカウトされたんだぞ。おまえも高校でレスリングやって、オリンピックに行けばいいんじゃないか」って言われて「そうか!」って（笑）。

——そんな簡単に（笑）。

鈴木　ガキの考えだからね（笑）。「とりあえず高校でインターハイチャンピオンくらいになればいいんじゃないか」って言われたんで高校に行くことにして。神奈川新聞に電話して、レスリング部が強い高校を教えてもらって、それで志望校のところに「横浜高校」と「日大藤沢」って書いて出したのを憶えてるよ。そうしたら「日大藤沢はおまえには無理だよ。横浜高校だったら行ける」って言われて。

——それは偏差値の問題で（笑）。

鈴木　でも横浜高校に行きたかったのもたしか。当時は男子校でいい印象がない学校だったんだよ。要するにヤンキー高校でね。だからこそ「プロレスラーになるなら、俺は絶対にここに行かなきゃダメだな」って。

——修行先として（笑）。

鈴木　「女なんかいらねー」みたいな。それで横浜高校に進学してレスリングを始めたんだよ。

——硬派な不良漫画みたいですね。

鈴木　入部した日の光景も忘れられないよ。新入生が並んで自己紹介させられて、「1年9組、鈴木です。将来プロレスラーになりたいんで、とりあえず高校で全国チャンピオンになります。よろしくお願いします」って言ったら笑われてバカにされてさ。でも俺は結局1年の夏からインターハイに行ってるんで「ざまーみろ!」と（笑）。

——高校で全国大会優勝して、卒業したら新日に入ると決めていたんですね。

鈴木　スカウトされると思ってたんだよ。されなかったけどね。スカウトされたのは大学と自衛隊体育学校。大学も6校くらいから話が来ましたね。そのうち特待生で呼びたいっていうのが3校ありました。でも「ボクはプロレスラーになるんで行きません」って。

——同い年の髙橋（義生）さんや永田（裕志）さんはそこで大学に行って、プロレス入りする時期が4年遅れたわけですもんね。

鈴木　だから半生として凄くおもしろい人生を送ってるね。将来は自伝じゃなくて小説を書きたいくらい。なんなら漫画を描きたい。だけど漫画は描けないから、誰か絵が描ける人を紹介してもらおう。俺が原作で。絶対におもしろいと思う。

——漫画になりそうな半生ですもんね（笑）。

鈴木　だから酒を飲んだときにこういう話をすると、井上雄彦さんとか尾田栄一郎さんからは「いやー、正しい少年ジャンプですね」「ジャンプの主人公もこういうふうに生きてる」って褒められたことがあるよ。

——生き方が漫画みたいだと、少年漫画の大家に言われましたか（笑）。

鈴木　「だって絶対におもしろくて次の週もジャンプを買っちゃう展開になるじゃん。非現実だからジャンプは売れるんだよ」って言われて（笑）。そんなこともあり、プロレスにいざ入ってみてもいろんなことがあり、気がつけばキャリア33年。業界歴は34年ですよ。1987年に入門してるんで。

——しかも、ずっと第一線ですもんね。

鈴木　もともと新日事務所で門前払いされたヤツがね。だから俺のデビュー30周年記念で、横浜赤レンガ倉庫で『大海賊祭』をやったでしょ。あのとき、いちばん強く発信したいメッセージとして「横浜から世界へ！　子どもたちの可能性は無限大」っていうスローガンを掲げたんだよ。

——そうでしたね。

鈴木　俺もそうだったけど、ガキのとき「将来あれになりたい、これになりたい」って言った夢を、大人が潰すんだよね。しかもいちばん近い大人である親とか先生が。俺の場合、それは第一関門くらいにしか思ってなかったけど、いまの子たちはみんな第一関門で折れるんだよな。

——「そんな夢みたいなことを言ってないで、現実を見なさい」と言われて諦めてしまうと。

鈴木　たしかに俺もそういうことを言われた。そんな夢みたいなことより、いい学校、いい会社に入ったほうがいいってね。でも俺はそういう一般的なことを目指してるんじゃなくて特別な人になりたかった。当時はテレビが絶大な力を持っていたから、〝ブラウン管の向こうの人〟になりたかったんだよ。だから平凡な大人たちの言うことを聞かずに、自分が信じた道を突き進んだからこそ、いまがある。

——それをデビュー30周年を機に、子どもたちに伝えたかったわけですね。

鈴木　だから『大海賊祭』の前に横浜市の教育委員会の人と会ったとき、俺が「子どもの夢を潰すのは近い大人だ」っていう話をしたら凄く乗ってくれてね。「プロのスポーツ選手、元世界チャンピオン、現世界チャンピオン、一流企業、そういう人たちが集まって無料で子どもたちの目の前でいいものを見せて、一緒に話をするっていう機会があればおもしろくないですか？」っていうところから始まったんだよね。

——実際に夢に向かって突き進んで、それを実現させた人たちと直接触れ合ってもらうために。

鈴木　そう。『KAMINOGE』前号で表紙になった女の子がいるじゃん。

——平田樹選手ですね。

鈴木　あの子だって、女の子が格闘技やることに対していろいろ言われたり、「タトゥーなんか入れやがって」とか日本の社会だと言われたと思うんだよ。でも関係ねえじゃん。自分が信じた道を行ったほうがカッコいいよ。俺、最近テレビを観なくなったんだよ。ワイドショーとかニュースとか観てると気持ち悪くなっちゃってさ。そんな気持ち悪い世の中を作ってる大人の言うことを子どもたちは聞いちゃいけないよと。

——それが今日のメッセージですね。

鈴木　だって未来は自分で作るんだもん。

HENTAIZADANKAI

玉袋筋太郎の変態座談会

TAMABUKURO SUJITARO

大相撲再生系 YouTuber 貴闘力

TAKATOURIKI

**変態視聴率100パーセント!
愛する大相撲への提言や苦言を
発信し続ける男から語られる
仰天エピソードの数々に悶絶!!**

収録日：2021年3月9日　撮影：タイコウクニヨシ　写真提供：佐伯繁　構成：堀江ガンツ

［変態座談会出席者プロフィール］

玉袋筋太郎（1967年・東京都出身の53歳／お笑い芸人／全日本スナック連盟会長）

椎名基樹（1968年・静岡県出身の52歳／構成作家／本誌でコラム連載中）

堀江ガンツ（1973年・栃木県出身の47歳／プロレス・格闘技ライター／変態座談会主宰者）

［スペシャルゲスト］

貴闘力（たかとうりき）

1967年9月28日生まれ、福岡県福岡市博多区出身。本名・鎌苅忠茂（かまかり・ただしげ）。元大相撲力士。プロレスラー。幼少期から力士に憧れ、中学2年生より柔道を始める。中学卒業後に藤島部屋に正式入門。1983年3月場所で初土俵を踏み、1991年5月場所で小結に昇進するとそれ以降は三役から幕内上位に定着。そして2000年3月場所で32歳5カ月でついに幕内最高優勝を果たした。十両11枚目で迎えた2002年9月場所で12日目の寺尾戦で敗れて3勝9敗となり、幕下陥落が確定的になったのを機に現役引退を表明。年寄「大嶽」を襲名して大鵬部屋付きの親方となり部屋を継承した。最高位は東関脇、生涯戦歴754勝703敗（118場所）、幕内戦歴505勝500敗（67場所）。2010年6月、力士など関係者による野球賭博が発覚して大嶽も関与を認めたため日本相撲協会を解雇処分となる。以降は焼肉店『ドラゴ』オーナーやプロレスラーとして活動。そして2020年9月25日にYoutubeチャンネル『貴闘力部屋～相撲再生計画～』を開設。タイトル通り大相撲再生への提言や苦言を発信している。

Yakiniku
焼肉ドラゴの
本気弁当
TAKE OUT

「貴闘力さんは相撲、プロレス、ギャンブルとすべてが詰まってるんですよ！」（玉袋）

ガンツ　今回の変態座談会は、玉さんのリクエストで貴闘力さんに登場していただきました！

玉袋　いや〜、今日は本当に楽しみにしてきたんですよ。

貴闘力　玉ちゃんは格闘技かと思ったら、相撲もお好きなんですね？

玉袋　大好きなんですよ。格闘技とプロレスも好きですけど、相撲は場所が始まったら13時からＢＳ１でずーっと観てますから！

ガンツ　15時放送開始のＮＨＫ地上波が待ちきれない（笑）。

玉袋　休みの日はもう昼からビールでやっちゃってるから。

椎名　場所中はそれが最高ですよね（笑）。

貴闘力　ギャンブルのほうは？

玉袋　ギャンブルは競輪が好きで番組もやらせてもらってますね。だから貴闘力さんは相撲、プロレス、ギャンブルとすべてが詰まってるんですよ！

ガンツ　というわけで、この企画は我々の憧れのレスラーや格闘家の方々の人生を振り返ってもらう企画なので、今日は貴闘力さんにいろんな話をうかがえたらと思います。

貴闘力　あっ、前に藤原敏男先生とやってるとき、俺とタイガーマスク（佐山サトル）がお邪魔しましたよね？

玉袋　そうなんですよ！　居酒屋で対談をやらせてもらってたら、藤原先生が電話で佐山さんを呼び始めちゃって、そうしたら貴闘力さんと一緒に来たっていう（笑）。

貴闘力　あの頃、俺と佐山さんは毎週５回くらいずっと会ってたんだから（笑）。

椎名　そんなに一緒だったんですか（笑）。

貴闘力　毎日、ここ（『焼肉ドラゴ』）でメシ食って、一緒にあだこうだ言って帰るっていう。

玉袋　焼肉食って、最後はスイーツだったんだろうな（笑）。

貴闘力　それで藤原先生とも月２回は会ってたから。

玉袋　あの日の居酒屋は藤原先生、佐山さん、貴闘力さんが揃っちゃって、おそらく世界でいちばん強い人たちが集まる居酒屋だったから。俺はもうビックリしたよ。

椎名　緊張して、思わず正座になりましたよね（笑）。

貴闘力　藤原先生の逸話なんか、もう神話みたいなものでしょ？　師匠は黒崎（健時）さんでめちゃくちゃされる方で。現役時代の話なんか聞いてもウソみたいな話ばかりだよね（笑）。

ガンツ　道場の話も路上の話も（笑）。

玉袋　あんだけ厳しい練習して、日本人初のラジャダムナンスタジアムのチャンピオンにまでなったのに、ギャラはもらえなかったっていう（笑）。

貴闘力　それはタイガーマスクも一緒だもんね。でも佐山さんは猪木さんの悪口はいっさい言わないでしょ。だってあのタイガーマスクのブームのとき、テレビ朝日から新日本プロレスにいくら入ってるかっていう。1回の放映料で4000万くらいはもらってると思うよ。

ガンツ　当時のテレ朝のドル箱番組ですからね。

貴闘力　しかも会場はどこも超満員札止め。それでギャラ3万だよ!?（笑）。

ガンツ　ワンマッチ3万円（笑）。

玉袋　そりゃ、クーデターも起こるよ（笑）。

貴闘力　でも佐山さん本人はまったく銭金じゃないでしょ。いまだにそうだけど。「こうやったら儲かるのに」って言うけど、あまりそういう興味はないんで。

ガンツ　あの人気絶頂だったタイガーマスクの座をあっさり捨てて、私財をなげうってイチからシューティングを作った人ですもんね。

玉袋　そうなんだよな〜。

貴闘力　そう。だから真剣勝負の格闘技がしたかったんだろうね。そんな話をしながら、いまは「須麻比（すまひ）っていうのがおもしろいよ」って言ってて。

ガンツ　佐山さんがいま取り組んでいる、日本古来の武道ですよね。

貴闘力　それをイチから勉強しようっていうので、夜も遅くまであでもないこうでもないってやっててね。

椎名　それを貴闘力さんと話してたんですか？

貴闘力　そうそう。あとはいろんな考古学の先生とかいるでしょ。そういう人たちの話から何から。勉強が好きだからね。

椎名　そういう探究心が凄いんですね。

玉袋　そして最後には国を憂いてね。思いっきり右向け右の人だからさ（笑）。

貴闘力　最終的にはそういうふうになっちゃってね（笑）。

「俺からしてみれば相撲協会の何がダメかって言うと、上の人間がズルしていちばんカネを儲けていること」（貴闘力）

玉袋　藤原先生と対談した夜、あとから貴闘力さんと一緒に店に来た佐山さんのトークが最高だったんだよな。

椎名　ボクらの間で伝説になってますからね（笑）。

玉袋　伝説だよ。プロレスがうまい人ってトークもあんなにうまいんだって。

ガンツ　ちゃんと毎回オチをつけて（笑）。

玉袋　そうそう。フリ、オチでさ。爆笑だったんだよね、あれ。

ガンツ　佐山さんは藤原先生ネタが大好きなんですよね。ス

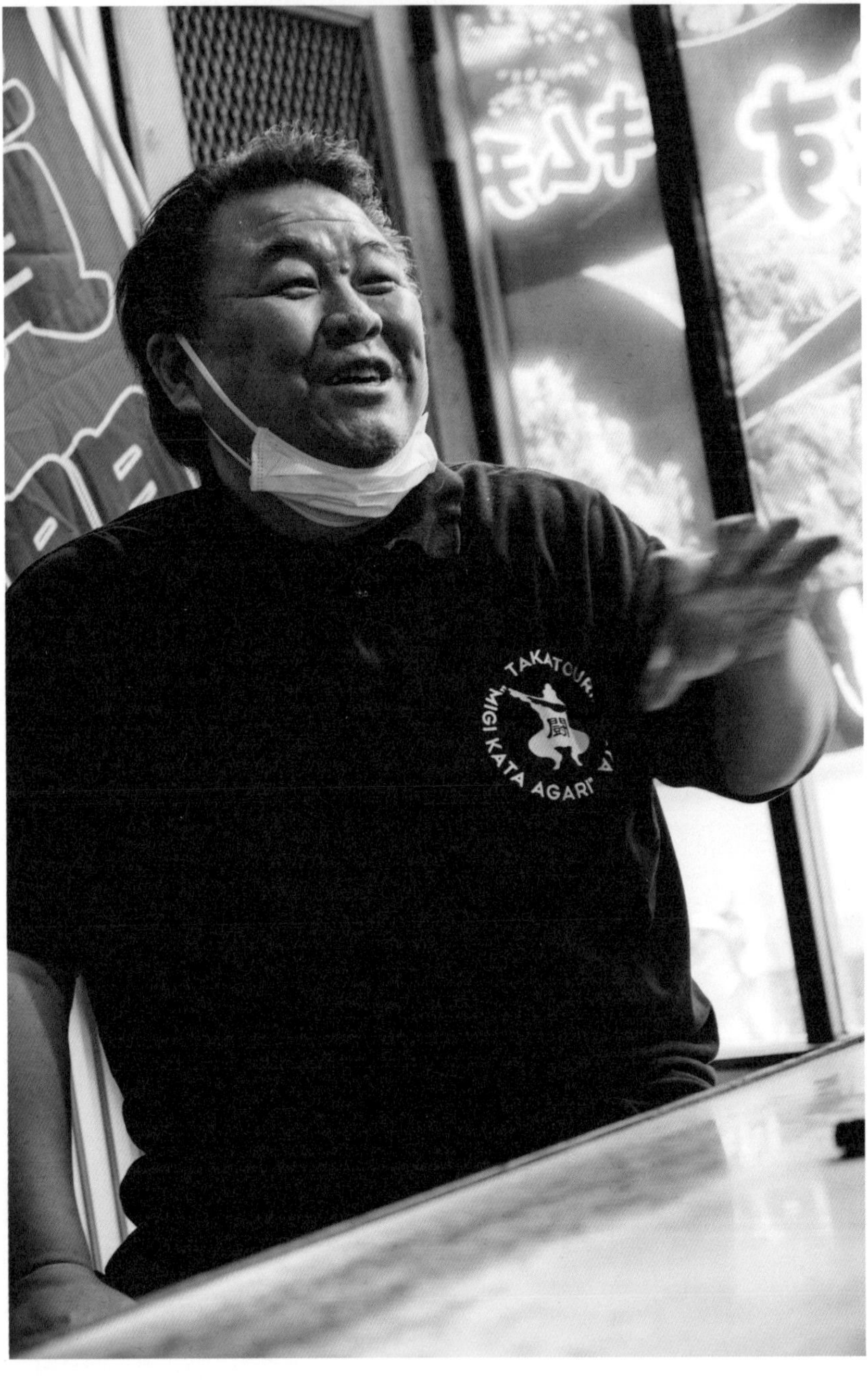
TAKATOUR
MIGI KATA AGARI
闘

トックしてあるネタがいくつもあるんでしょう（笑）。

貴闘力　ああいう人はなかなかいないでしょ。俺なんかも楽しく聞かせてもらうんだけど。

椎名　あれをＹｏｕＴｕｂｅでやってほしい。

ガンツ　ＹｏｕＴｕｂｅにあがってる佐山さんといえば、地獄のシューティング合宿ばかりですからね（笑）。

椎名　「それがおまえの本気かーっ！」のやつね（笑）。

貴闘力　でも角界も格闘技の世界も、あれくらいおもしろい人じゃないと。お客さんは高いお金を出して観に来てるんだから、サラリーマンみたいな一般の人と同じ感覚じゃおもしろくないでしょ。

玉袋　そのヨカタとは違うおもしろさが、貴闘力さんのＹｏｕＴｕｂｅチャンネルからはほとばしってるんですよ！　あれ、世界でいちばんおもしろい動画だって俺はどこでも言ってますから。

椎名　ボクも玉さんに「とにかく観ろ！」って言われました（笑）。

玉袋　「観てねえのか、おまえ！」ってな（笑）。

貴闘力　俺からしてみれば相撲協会の何がダメかって言うと、上の人間がズルしていちばんカネを儲けていること。これは佐山さんも同じ考えだけど、やっぱり組織をクリーンにして、現役の相撲取りがいい思いをしなきゃいけないんですよ。そのぶんいまの何倍も練習して、いい相撲を見せなきゃダメだけどね。

玉袋　貴闘力さんは繰り返しそれを言ってますよね。

貴闘力　相撲取りにちゃんと還元されていれば、タニマチに「社長〜！」とか言っておっつける必要はないんですよ。本来それは邪魔だもん。そんなやり方を教わるんじゃなくて稽古場で教わらなきゃ。

ガンツ　カネをもらう方法ばかり学んで、土俵でカネを稼ぐのがどうしてもおろそかになってしまうと。

玉袋　でもまあ、実際にそうやってタニマチ付き合いで生きている人もいるらしいからね。誰とは言わないけどさ。

貴闘力　名前、言おうか？（笑）。

玉袋　いや、それはＹｏｕＴｕｂｅのほうでお願いします（笑）。

椎名　貴闘力部屋チャンネルの実名シリーズ、最高ですもんね（笑）。

玉袋　で、3月は春場所も始まるし、プロ野球も始まるので、まずはプロ野球予想の大家（たいか）でもある貴闘力さんに今シーズンを占っていただきたい！（笑）。

ガンツ　だいぶ研究されてるとお聞きしていますしね（笑）。

貴闘力　だってこっちは命を懸けてるもん。命の次に大切なお金を賭けてるんだからさ。そのへんの野球評論家よりも俺のほうが詳しいよ！

玉袋　予想の本気度がぜんぜん違う！（笑）。

貴闘力　だって試合中、3時間ずっと正座して観てるんだから。

椎名　そうやって野球を観るのがいちばん興奮しますね（笑）。

玉袋　サッカーくじのｔｏｔｏがあるんだから、俺なんか野球も相撲もそういう対象になればいいと思ってるんだよね。そうしたらクリーンになるわけだからさ。

ガンツ　ラスベガス方式ですよね。ＭＭＡも賭けの対象になることで、フィックスファイトみたいなものが根絶されたという。

貴闘力　次の週のＹｏｕＴｕｂｅはずっとその話でいこうと思ってるから。

玉袋　貴闘力が提言、相撲を張れるようにしろ！　っていうね（笑）。

貴闘力　だって、お金を張ってくれる人がいっぱいいれば、そのぶん収益になるわけじゃないですか。

玉袋　そうですよね。それで社会還元もするわけだし。まあ、（還元率）25パーでいいよ。

貴闘力　20パーにしたらもっと入るよ（笑）。俺は相撲くじのことを20年以上前から考えてるんだけど、当時はインターネットがないからさ。宝くじと同じように各地に相撲くじ売り場をたくさん作らなきゃいけないと思ってたけど、いまは作る必要がないんだもん。

玉袋　そうですね。スマホで買えちゃうから。

貴闘力　もちろん賛否両論あると思うけど。１００万人ユーザーがいたとして、ひとり2、3万でも賭けたら莫大な収益になるよ。

「新しい動画が配信されるたびに『あっ、貴闘力さん、生きてるな』って生存確認してホッとしてる」（玉袋）

椎名　相撲は、賭けにはちょうどいいくらいにサクサク終わってくれますからね（笑）。

玉袋　で、その売り上げがちゃんと力士に還元されたらいいわけですよね。

貴闘力　いまコロナで飲食店を始め、いろんなところに補助金を出してるでしょ？　あれはあげっぱなしじゃなくて、コロナが収束したら国は間違いなく税金として搾取するよ。

ガンツ　出した分は増税して税金として取り返しにくると。

貴闘力　そうしたら庶民はみんな苦しむじゃない。だったら相撲くじが、国がお金を集める手段になればいいでしょ。10パーでも国に渡してさ。それを誰が文句言うの？

玉袋　いまの八角理事長とか相撲協会の理事の方々は、そういったことはまったく考えないんですかね？

貴闘力　考えてないでしょ。だって、あの人らはいまの仕組みのまま、ある程度のカネをもらって、65歳になったら定年でバイバイしたほうがいいと思ってるでしょ。

ガンツ　上の人たちにとっては、このまま変わらないほうが旨味があっていいわけですね。

貴闘力　そう。利権を握ってるから変わらないほうがいい。

玉袋　そこを変えようとして早く辞めることになっちゃった、貴乃花さんみたいなのもいるしね。

貴闘力　だから「改革」って言ってても具体案をバンと出さなきゃ、「何を改革するの?」ってことになるじゃないですか。いい悪いは別としてね。自分みたいに「相撲くじをやって収益を上げていこうぜ」って具体的な考えを出さないと。相撲くじをやるなら、勝敗はクリーンにしなきゃならないから、その部分の改革にもなるし。いまは若い子までお金がいかないから、半分腐ったようなメシを食わされてるんですよ。そうじゃなくて、ちゃんとお金を回して、相撲取りにいいもの食わせなきゃ。「そのかわり練習はいままでの3倍しろ」っていう形にすればいいんだから。

玉袋　そうすりゃ、もっといい相撲も観られるようになって、ファンも喜びますよね。

貴闘力　超人みたいな規格外れの力士をファンも観たいじゃないですか。

玉袋　観たいですよ。

貴闘力　そういう相撲にお金を払いたいでしょ?

玉袋　ファイトマネーとか収入も全部オープンにしてさ、フロイド・メイウェザーみたいにそれが番付に載るとか、フォーブス誌に載る横綱がいたほうが俺は健全だなって思うよ。

ガンツ　ボクシングやMMAも、そうやって稼げるようになったわけですもんね。

貴闘力　相撲だってそうなれるんだよ。200万人のファンがいて、そこから1万円ずつテラを切ったらどうなるのこれ（笑）。

玉袋　テラを切っちゃって（笑）。

貴闘力　いまの60、70代の相撲好きの人が3000、4000円でも買って観れたら、15日間かなり楽しめるでしょ。

玉袋　めちゃくちゃいいですよ。終わってすぐに屋形船を用意してさ。勝ったらそのまま宴会してね。経済が回ってるよ（笑）。

貴闘力　基本、テレビや動画配信で相撲を観て、実際に近くで観たいってなったとき、「何十万も出してでも観たい」っていう形にすればいいじゃないですか。

ガンツ　ラスベガスのボクシング世界戦やUFCなんか、リングサイドが100万円とかザラですもんね。

貴闘力　そういうお手本があるんだから。お茶屋なんかにカネを儲けさせる必要ないんだよ。

玉袋　お茶屋が出てきたよ（笑）。

椎名　貴闘力さんの動画で初めて「お茶屋」の意味がわかりましたよ。

貴闘力　みんな知らないでしょ? 国技館サービス株式会社ね。

玉袋　お相撲を観に行ったときに、お茶屋のお兄さんに最初お金を渡さなきゃいけないとかさ。そうすると頻繁に注文を取りに来てくれるんだけど、来るたびに祝儀を渡してよ。お相撲ってすげえカネがかかるなって（笑）。

ガンツ　野球の「ビールいかがですかー！」とは違いますね（笑）。

玉袋　高えーんだよ（笑）。

貴闘力　お茶屋の出方っていうのがいるんだけど、そいつらはくれた人にはゲンキンなもので何回も行くわけですよ。

玉袋　そうそう。何回も来るんだよ。

貴闘力　朝ドラでやってるような江戸初期くらいのことがいまだに続いてるわけですよ。いまお茶屋が続いてるのって、京都の祇園か相撲くらいしかないでしょう。

玉袋　そういったお茶屋の問題から八百長問題まで、相撲界のタブーにメスを入れていく貴闘力さんのＹｏｕＴｕｂｅを、俺はハラハラしながら観てるわけですよ。大鳴戸親方だって、あのタニマチだって、板井だってもう死んじゃってるわけだから。毎週、新しい動画が配信されるたびに「あっ、貴闘力さん、生きてるな」って生存確認してホッとしてるっていうね（笑）。

貴闘力　いや、殺されたほうがおもしろいと思わないと（笑）。

ガンツ　いやいや（笑）。

貴闘力　殺されたら末代まで残るよ。生きてる間に語り草になるくらいのものを残したいんだよね（笑）。

「貴闘力さんは強さを追求するマニアなんですよね。だから佐山さんと友達になるのもわかる」（椎名）

玉袋　だってね、貴闘力さんは息子が3人お相撲さんになっているわけじゃないですか。言ってみれば、息子3人を相撲協会に人質に取られてるようなもんですよ。そこでお父さんがあれだけ踏み込んだことを語ってるのは、すげーなと思いますよ。

貴闘力　それが言えるということはウソじゃないってことだから。ウソだったら、とっくの昔に裁判沙汰になってるからね。

玉袋　あと数年前、『貴の乱　日馬富士暴行事件の真相と日本相撲協会の「権力闘争」』っていう本が出ましたけど、あのとき相撲協会の特別顧問だった小林（慶彦）さんっていう人はいまどうしてるんですか？

貴闘力　どうしてるんだろうね（笑）。

玉袋　もちろんご存知ですよね？

貴闘力　いつも北の湖親方とサウナで一緒になってたから知ってるけど、内情はわからないというか。ある程度まで上に行かなきゃわからないことってあるじゃないですか。「下っ端の人間はいちいちそんなこと関知するな！」みたいなことを言われるからさ。俺だって知りたいもん。でも知りたいけど教えてもらえない。

椎名　ボクは貴闘力さんの動画を観るまではその本を読んで

たんで、真逆の印象を受けたんですよ。貴闘力さんの動画を観て、貴乃花側のほうが正しかったんだなって。

貴闘力　いや、貴乃花が正しくないこともいっぱいあるけどね。貴乃花のいちばん正しいところはガチンコで相撲を取ってたっていうことだから。

玉袋　貴闘力さんがそのへんのことを語ってくれるのが、俺は楽しくてしょうがないんだよ。「やっぱりそうだったか！」みたいな。合点がいったみたいなね（笑）。

貴闘力　みんなが合点いくような話しかしないからね。ウソは言わないし。

玉袋　白鵬のサポーター問題についても、あれくらいスパッと言ってくれると気持ちいいもんね。なんで腕を痛めてるヤツがかち上げやってるんだっていう（笑）。

貴闘力　そうでしょ。痛かったらサポーターすんなよって（笑）。

ガンツ　もはや三沢（光晴）さんのエルボーサポーターと一緒ですもんね（笑）。

椎名　真正面から鼻に行っちゃうんですもんね。

貴闘力　俺みたいに鼻が低いヤツはいいけどさ、寺尾みたいに鼻が高いヤツは折れちゃうよ（笑）。

玉袋　貴闘力さんの動画を観ていて思うのは、「稽古することが大事だ」っていうことがベースにあるから。会話の中身としては踏み込んでるんですけど、正論で気持ちがいいんですよ。

貴闘力　やっぱり力士も格闘家も、稽古して強くなるのがいちばんだから。藤原先生が現役時代にどれくらい練習したかって話を聞くと、「ホントにそんなにしたの!?」っていうくらいの練習をしてるからそれは凄いと思って。尊敬できますよ。

ガンツ　話を誇張しているようで、ぜんぜん誇張していないんですよね（笑）。

貴闘力　実際、藤原先生の手なんか見せてもらうと、ごっつい手をしてるからね。いまでも、そのへんのクソガキなんか2、3人はいわされるからね（笑）。

玉袋　だってめちゃくちゃだもん。黒崎先生、あれだけ藤原先生を練習させといて、運転手としてクルマもひと月で1万キロ走れとかさ、無理だよ！

椎名　精神を鍛えることをやらせるんですね（笑）。

玉袋　ゾーンまで行くっていうかさ。でも貴闘力さんがやっていた頃の稽古を、いまの力士はやっていないのかな。

貴闘力　相撲でも100番以上も稽古する意味があるのか、もっと合理的で科学的なトレーニングをしたほうがいい、となるかもしれない。でも1回根性論を経験してから科学的なトレーニングをしたほうがいいんじゃないかと思う。

玉袋　そういうことをやることによって、シャバっけが抜かれた世界に入っていく洗礼、割礼みたいなもんだからさ。でも貴闘力さんが話していたことで、相撲で首の骨を折った人が3人

平成十二年三月場所

前頭
貴闘力忠茂関
毎日新聞

いたっていうのは驚いたな。

貴闘力　土俵って土を固めてるんで、コンクリートと変わらないくらい固いわけですよ。そこの上に砂を乗せてやってるから、受け身が取れないことには大ケガをする。それなのに安芸乃島とかは平気でめちゃくちゃな投げ方するから、そこで考えたのが河津掛けなんですよ。バックドロップの切り返し技で河津掛け。だから自分の必殺技が河津掛けになったんですよ（笑）。

椎名　すぐにでもプロレスに応用できそうですね（笑）。

貴闘力　本場所でも2、3番は決めてるんだもん。ここ一番のときに決めてるから。

玉袋　いい話だよー。こういう『月刊相撲』には載ってねえエピソードが最高！　あと貴闘力さんはカテえ柱に顔面をガンガンぶつけて強くするっていう、信じられないことをしてるんですよね（笑）。

貴闘力　（空手道）拳道会っていうのが昔あったんだよね。手を石で叩いて強くするっていう。

玉袋　倉本成春師範。

貴闘力　そうそう。倉本さんとは30年来の友達で（笑）。

玉袋　そうだったんですか！（笑）。

貴闘力　網に砂利を入れて、「こうやってバーンと殴るんだ」っていうのを繰り返しやらされてたのよ（笑）。

玉袋　それ、マフィアだよ（笑）。

貴闘力　それで顔とか手とか鍛えるっていうのを毎日やってたんですよ。

椎名　貴闘力さん以外でも格闘家を参考にされる方って多かったんですか？

貴闘力　いや、いないですよ。倉本師範がどういうふうに鍛えていたかっていうのはいちおう俺も勉強するんだけど。

椎名　だから佐山さんと友達になるのもわかるなというか、貴闘力さんはマニアなんですね。

貴闘力　マニア？

椎名　強さを追求するっていう部分で。

貴闘力　やっぱり、それを後世に伝えていかなきゃいけないでしょ。こういうふうなことをやってたんだよって。お金儲けなんか商売したらいくらでもできるけど、こういうことなんかはできないから。

玉袋　いや、この商売だってできないっスよ（笑）。

貴闘力　だって相撲ってのは1個しかないけど、商売は無限にあるから。それにギャンブルしてなきゃ、こんなの100店くらいできてたでしょ（笑）。

ガンツ　一大チェーンになっていた（笑）。

貴闘力　ギャンブルさえしなけりゃ、どれだけカネが残ってたか（笑）。

「プロスポーツ選手とかでヤクザをカッコいいと思っちゃうヤツもいるんだけどさ、表面的なことしか知らないじゃん」（貴闘力）

玉袋　やっぱり貴闘力さんは生い立ちから凄いですよね。お父さんがコッチだったとか。

貴闘力　そうなんですよね。

椎名　野球賭博を始めた人だって言ってましたよね？

貴闘力　そうですね。

玉袋　そこがすげえ。いまから30年前くらいに俺は大阪でラジオをやってたのよ。それでリスナーからハガキが来るから読むじゃん。そうすると強烈なペンネームのヤツがいてさ、それを毎回読まされるんだよ。「ペンネーム、『貴闘力のオヤジはヤクザ』。なんだ、このペンネーム!?」ってね（笑）。

ガンツ　それはもうペンネームという名の密告ですね（笑）。

玉袋　ひどいだろ？　それで俺は刷り込まれちゃってさ。

椎名　当時、それ読んでもよかったんですか？（笑）。

玉袋　当時はよかったんだよ。

貴闘力　だって生まれるときに自分の親を誰か決めれる？　決めれないんだもん。でも子どもの頃、まわりの人間は「ヤクザの息子だ！」って言うんですよ。いま思えば凄い勉強になったよね。保守的なところで言ったらさ、身体中に入れ墨を入れてるようなのは、田舎の人からすれば「入れ墨＝ヤクザ」だから「うわっ、ヤクザだ！　ヤクザとは口をきいちゃいけんよ」とかってなるわけ。

ガンツ　コミュニティにまったく入れなくなるわけですね。

貴闘力　こないだ、ボクシングの世界チャンピオンで井岡（弘樹）の甥っ子（井岡一翔）が入れ墨でどうこうってのがあったでしょ？　ああいうニュースを観て「いまだに日本では入れ墨を入れたらダメなんだな」って。やっぱり一般の人は嫌がるから。だからなんでアイツは入れ墨を入れたのかなって。

玉袋　俺は言ってるんだよ。彫るんだったら心に入れ墨を彫れと。

貴闘力　なんで入れ墨を入れるのか、意味がわからん。俺は井岡と友達で兄貴とも友達だからさ。だからアイツが幼稚園ぐらいでボクシングをやってたときに小遣いをあげてたからね。一翔に「おまえ、俺のこと憶えてるか？」って聞いたら「憶えてますよ」って（笑）。

椎名　井岡一翔は強いですけどね。

貴闘力　でも、もうちょっと教育してやらないと。カッコいいと思ってやってるんだろうけど、世界チャンピオンを目指す人間は一般の人がどう感じるかを考えないと。俺が小学生時代は入れ墨を入れてるヤツばっかりまわりにいたからさ、「入れ墨を入れてるヤツはヤクザで悪いんだ。俺は絶対にそういうことをやるべきじゃない！」って思ったもん。

ガンツ　入れ墨を入れた人間がどう見られるかを、子どもの頃からわかっているからこそ、なんですね。

玉袋　最近は清原和博も入れ墨を消す施術を始めたっていうしね。

貴闘力　たまにプロスポーツ選手とかで、ヤクザをカッコいいと思っちゃうヤツもいるんだけどさ、それはヤクザの気前のいいところとか、表面的なことしか知らないじゃん。下を見てる人間はヤクザになりたいなんて誰も思わないよ。水鳥を見てみろよ、優雅に泳いでるようで水面より下は必死になってかいてるだろと。上を見るんじゃなくて下を見なきゃ。俺はずっと下を見てきてるから、ヤクザには絶対になっちゃダメだって言ってる。

玉袋　そうやって貴闘力さんは実体験で語ってくれるから説得力があるんだよな～。

椎名　子どもの頃は各地を転々としていたって聞いたんですけど、佐々木健介さんと学校が一緒だったのは山口県に住んでるときですか？

貴闘力　いや、あれは福岡のとき。中学の柔道部で一緒でね。

玉袋　そうだ。週プロかなんかで対談してるの見たことあるよ。

ガンツ　健介さんは1年先輩でしたっけ？

貴闘力　1年先輩だね。

玉袋　健介さんだって家庭環境が大変だったらしいし。

貴闘力　親父がニコニコローンの社長だったからね。これは誰も知らないだろうけど。

椎名　えーっ!?

玉袋　初めて聞いたよ。また引き出しがありますね（笑）。

貴闘力　親父がサラ金の社長だったの。

玉袋　『光を掴め！』って自叙伝を出してたけど、親父がお金を掴んでたんだな。

貴闘力　柔道部のヤツらはそういうのが多かったんですよ。○○組の息子もいたし（笑）。

玉袋　えーっ!?（笑）。

ガンツ　健介さんはプロレス界では後輩にかなり厳しい人っていうので有名なんですけど、柔道部時代は？

貴闘力　自分のことで精一杯だから他人のことなんて関知しないでしょ。厳しいってどういう感じだったの？

ガンツ　新日道場で選手兼コーチ的な立場だったんですけど、後輩や新弟子に対してすぐに手が出てしまうという。

玉袋　真壁刀義なんて相当恨んでたもんな。

「相撲の現役時代にテリー・ファンクやカール・ゴッチとも親交があったんですよね？」（ガンツ）

貴闘力　じゃあ、健ちゃんが中堅でいて、みんなをいじめてたわけだ（笑）。

椎名　90年代に新日本の若手だった人は、みんな言いますから。

貴闘力　俺は柔道部でべつにやられることはなかったけどね。プロレスは俺も何試合かやったことあるんだよ。

ガンツ　代々木第二体育館でやったデビュー戦、観に行きましたよ（2014年4月16日）。鈴木みのるさんと組んで大仁田厚と矢口壹琅といきなりストリートファイトマッチで大暴れして、最高でした（笑）。

貴闘力　やる前は「有刺鉄線は痛くないよ。大丈夫だよ」って言われてたのに、意外と痛くて騙されたよ（笑）。

玉袋　意外と痛かった（笑）。

貴闘力　2戦目は佐山さんと組んで、ホントは佐山さんが（有刺鉄線ボードに）落ちる予定だったのに落ちないで、試合中に俺に「行け、行け」って言って落とすんだよ。「えーっ、俺!?」みたいな（笑）。

椎名　リアル「聞いてないよ〜!」ですね（笑）。

ガンツ　代々木のデビュー戦も、後楽園の第2戦もめちゃくちゃ会場が沸いたんですよね。

貴闘力　だってサクラみたいなのがいっぱいいるんだもん。俺が2大会合わせて、切符を2000枚くらい売ってるんだから（笑）。

ガンツ　さすがですね（笑）。

玉袋　で、いまはぼっちゃん（長男の納谷幸男）もプロレスラーで。

ガンツ　いまプロレス界でいちばん大きい選手ですからね。

貴闘力　歴代でいちばんデカいのがジャイアント馬場で、次が曙と北尾（光司）。その次が幸男だって聞いたよ。坂口征二よりデカかったらしいよ。

ガンツ　貴闘力さんは以前、プロレスで曙さんとの対戦を希望してましたよね？

貴闘力　やりたかったけどもう無理だね。「8000人入る会場で、俺が5000入れるから、おまえは3000ね」って切符の割当まで話してたんだけど（笑）。

ガンツ　そんな具体的なことまで（笑）。ちなみにどこでやろうとしてたんですか？

貴闘力　そりゃあ、両国国技館でしょう！

玉袋　うおー、観てえ！（笑）。

貴闘力　それで角界にいるみんなに「国技館で曙とやるから、北の湖理事長に安くしてくれるように頼んでくれよ」とか言ってさ。相撲協会の人間だったら100万円で借りれるんだよ（笑）。

玉袋　そんな〝社割〟があるんだ（笑）。

貴闘力　ほかのカードだって、プロレスラーはたいてい5万、10万で出てるんだから、そこで30万ずつ出したら、みんな喜んで出るでしょ。
ガンツ それでアンダーカードも問題なしと（笑）。
玉袋 あとはお茶屋さんが絡まなきゃいいんだよ（笑）。
ガンツ そう聞くと、ますます観たかったですね～。
貴闘力 でも、もうないね。だって曙は歩けないんだもん。
ガンツ 4年前からずっと身体を悪くされていますからね。
貴闘力 元気になってもらいたいよ。
ガンツ 曙さんがK－1に出たときはどう思いました？
貴闘力 あの頃はもうヒザがガタガタだし、K－1に向けた練習もそんなにしてないじゃん。相撲取りの現役時代、まだヒザも悪くなってなくて絞れてたときだったら全然大丈夫でしょ。
ガンツ 1カ月ちょっと前まで親方だったのに協会に辞表を出して、翌月、ボブ・サップとK－1ルールの試合をやってるんですからね。
貴闘力 ああいう引退して何年も経つのじゃなくて、いま総合にいるでしょ？ 貴ノ富士（スダリオ剛）。あれはいいと思うよ。
ガンツ たしかに彼は練習熱心みたいだし、RIZINデビュー戦から凄くよかったですね。
貴闘力 あれはまだ若いし、相撲の現役からすぐだから大丈夫だと思うよ。天龍（源一郎）さんだって26歳で相撲を辞めてるからプロレスでも成功したわけであって、輪島さんや曙とかとは違うからね。
椎名 プロレスは子どものときから観てたんですか？
貴闘力 いや、そんなでもないですよ。相撲が好きだから相撲を観てた。
ガンツ でも相撲の現役時代、テリー・ファンクやカール・ゴッチとも親交があったんですよね？
貴闘力 テリー・ファンクは巡業中にちょうど近くでプロレスをやってたから会場に顔を出してね。それで俺は22、23歳のとき、バック宙ができたんだよ。
椎名 マジっスか!?
貴闘力 あとは逆立ちで100メートルくらい歩けてたから、1時間じゃれ合うくらいはラクだろうなと思ってて、それでちょっとやったの。パンツ一丁で。

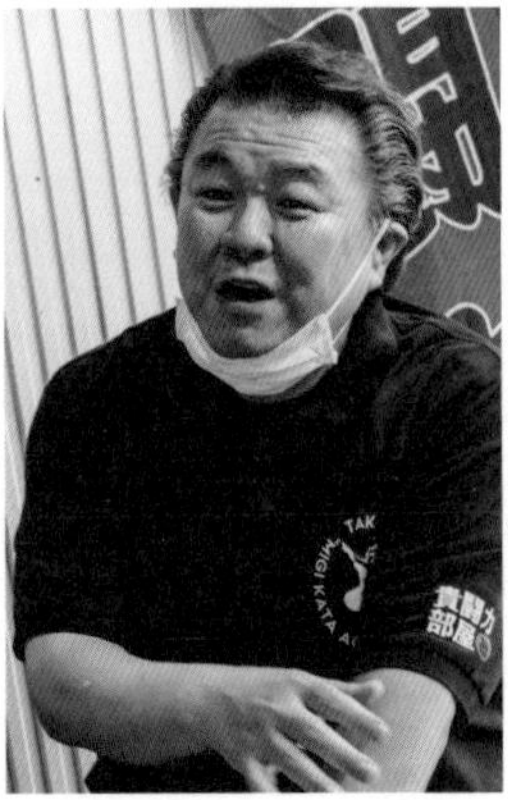

ガンツ えっ？ それはテリー・ファンクとスパーリング的なことをやったんですか？
貴闘力 そう。それで「コーナーポストからムーンサルトができるよ」って言ってやったら、「相撲取りがそんなことやるなんて考えられない！」って言っててね（笑）。

玉袋　すげー！（笑）。

貴闘力　そのとき渕（正信）っていう生意気なヤツがいて、「プロレスはそんな甘いものじゃないんだよ」とか言うから、「じゃあ、来い！　この野郎！」って取っ組み合って、さんざんド突き回してやろうかと思ったよ。

ガンツ　貴闘力vs渕正信のシュートマッチが実現しそうになっていましたか（笑）。

玉袋　渕さんも岩釣兼生さんとはやったけど、貴闘力さんとはやらなかったんだな（笑）。

貴闘力　実際にプロレスはプロレスの強みがあると思うし、スタミナだってなきゃいけないから、やったら大変だと思うけど。上から「甘いもんじゃないんだ」なんて言われるとね（笑）。

椎名　カール・ゴッチとはどういう交流があったんですか？

貴闘力　カール・ゴッチは凄く相撲が好きで、部屋に稽古を見学に来たんですよ。それで四股の踏み方やてっぽうの打ち方を教えたら、「こんな苦しい四股を踏んだことがない」って言ってて。

玉袋　いつもはゴッチ教室をやってるゴッチさんに教えちゃったんだ（笑）。

貴闘力　そうしたら帰りに「また今度教えてくれ。また来るから」って言って。で、それから2、3回来たのかな。いろいろ教えたら、「お返しに俺がいままで編み出した技をおまえに全部教えてやる」って言われて（笑）。

椎名　関節技を？（笑）。

貴闘力　べつにいらないだろって（笑）。

玉袋　ゴッチイズム注入だよ。

貴闘力　でも、もう60、70にもなろうとしている外国人のおじいさんが真剣に話を聞いてくるんだもん。それは楽しかったよ。

玉袋　その格闘技への探究心を佐山さんも受け継いでるわけだしね。

椎名　ゴッチさんが相撲部屋に来たのって、いつぐらいの話なんですか？

貴闘力　いつだったかな。テリー・ファンクに会ったのよりはあとだよ。

ガンツ　おそらく藤原組時代でしょうね。当時はゴッチさん、日本に住んでましたから。

貴闘力　そうかもしれない。「毎日行くからな」って言われて、「えっ、毎日来るの!?」みたいな（笑）。

玉袋　でもカール・ゴッチが四股を踏んでたり、てっぽうを打ったっていうのはいいねー。

貴闘力　やっぱり強い人は稽古に熱心なんですよね。

「理事長が地位、名誉、カネの三拍子を揃わせるなよって。お金は現役で働いている人間にあげなきゃ」(貴闘力)

玉袋　貴闘力さんの動画を観てると、「相撲人口を増やしたい」っていう思いが伝わってくるんですよ。で、いまのお相撲さんは中学を出て入ってくるんじゃなく、高校だと埼玉栄、鳥取城北、明徳義塾みたいなところから入ってくるのが主流じゃないですか。

貴闘力　主流だよね。

玉袋　あとは学生相撲で日体大から来る人がいたりとか。でもそういう学生ばかりで、中卒の生え抜きで関取になる人が減ってるところに貴闘力さんは歯がゆさを感じてるんですよね？

貴闘力　ホントは中学を卒業して入ってきた人間なんか、当然学生以上に強くしなきゃいけないのに、部屋が怠慢してるのがダメなんですよ。それは親方が弟子を強くすることよりもカネ儲けを考えてるから。相撲の親方なんかカネ儲けが下手なんだから、それは人に任せて、親方は弟子を育てることに全力を尽くせばいいんですよ。こうなってしまうのも協会のシステムのせいなんだけどね。

椎名　やっぱりそうですか。

貴闘力　ひと部屋ごとにお金を渡したところで、極端な話、何

KAMINOGE vol.112

定期購読のご案内！

より早く、より便利に、そしてお得にみなさんのお手元に本書を届けるべく「定期購読」のお申し込みを受け付けております。

発売日より数日早く、税込送料無料でお安くお届けします。ぜひご利用ください。

●購読料は毎月 1,120 円（税込・送料無料）でお安くなっております。
●毎月５日前後予定の発売日よりも数日早くお届けします。
●お届けが途切れないよう自動継続システムになります。

お申し込み方法

※初回決済を 25 日までに、右の QR コードを読み込むか、「http://urx3.nu/WILK」にアクセスして決済してください。
以後毎月自動決済を、初月に決済した日に繰り返し実行いたします。
【例】発売日が 4/5 の場合、決済締め切りは 3/25 になります。

※セキュリティ設定等によりメールが正しく届かないことがありますので、決済会社（@robotpayment.co.jp）からのメールが受信できるように設定をしてください。

※毎月 25 日に決済の確認が取れている方から順次発送させていただきます。（26 日～ 28 日出荷）

※カードのエラーなどにより、毎月 25 日までに決済確認の取れない月は発送されません。カード会社へご確認ください。

未配達、発送先変更などについて

※ホームページのお問い合わせより「タイトル」「お名前」「決済番号（決済時のメールに記載）」を明記の上、送信をお願いします。
返信はメールで差し上げておりますため、最新のメールアドレスをご登録いただきますようお願いします。

また、セキュリティ設定等によりメールが正しく届かないことがありますので、「@genbun-sha.co.jp」からのメールが受信できるように設定をしてください。

株式会社　玄文社

［本社］　〒108-0074　東京都港区高輪 4-8-11-306
［事業所］東京都新宿区水道町 2-15 新灯ビル 3F
TEL 03-5206-4010　FAX03-5206-4011
http://genbun-sha.co.jp　info@genbun-sha.co.jp

KAMINOGE

に使うかわからないじゃないですか。だからひどいところだと、弟子に粗末なちゃんこを食わせて懐に入れちゃう親方もいる。そうじゃなくて40部屋あったとしたら、その真ん中にセンターキッチンを作ったら費用は何分の1で済むわけですよ。

ガンツ　力士の食事を協会が一括で管理、提供すると。

貴闘力　そうしたら、いまよりもっといいものを食べさせられるし、デブなヤツは脂肪を落とすための食事を用意したり、逆に身体を大きくしたいヤツはこの食事とか、そうやって分けることも可能だし。

玉袋　貴闘力さんは協会の金銭的な損得と、力士を強くすること待遇改善とかをトータルで考えられるのがすげえ。

貴闘力　やっぱり子どもを預かって相撲取りにするわけだからね。15歳で入って5年やったら、強くなるかならないか、わかるじゃないですか。そうしたらハタチくらいに「おまえはあまり強くならなさそうだけど、ちゃんこはうまいよな」とか「マッサージがうまいよな」とかって、第二の人生を歩める職種の会社を相撲協会が作っておけばいいじゃないですか。飲食、整体、あとは警備会社とかね。その3つがあれば、親も安心して預けられるでしょ？

玉袋　そうやって相撲界に入ってきやすくするわけですよね。

貴闘力　飲食、トレーナー制度、警備会社なんかも相撲協会の事業としてやって収益が上がれば、協会の懐にも入るわけでしょ。オンリーワンの会社なんだから稼ごうと思えばいくらでも稼げるわけですよ。そこを何もやらずにふんぞり返ってないで、理事長はもっと考えろよって。ただ、一度外に出てみないと俺の考えっていうのはわからないと思う。

玉袋　ずっとお相撲の世界だけにいると、見えなくなっちゃうんでしょうね。

貴闘力　外に出て100円稼ぐのがどれだけ大変なのかっていうのがわからないことには、俺の言ってる意味はたぶん理解できない。タニマチからどうやってお金をせしめようかとか、そういうことしか考えてないようだとね。そういうごっつぁん体質を抜け出して、協会自身がどうやって収益を上げるのかを考えなきゃ。

玉袋　俺は早く貴闘力さんに新団体を設立してほしいですよ(笑)。

貴闘力　理事長になる人間ってのは、ある程度まで上にあがってくるとやっぱりお金に目がくらんでしまうわけよ。本来、理事長なんか給料がいちばん安くていいわけじゃないですか。地位、名誉、カネの三拍子を揃わせるなよって。地位と名誉があればカネはいらないだろって。お金は現役で働いている人間にあげなきゃ。

玉袋　貴闘力さんの考えてることが健全だよね。透明化してるっていうかね。

椎名　こういう話を聞くと、佐山さんと相通じるものを感じますね。

貴闘力　でも協会の上のほうにいるお金に執着してるような上の人間は、俺がこういうことを言うと「何をとんでもないこと言ってんだよ！」って。

ガンツ　ただ、貴闘力さんはいくら相撲協会を批判しても、全然恨みみたいなものを感じないから、聞いていて気持ちいいですよね。こういう内幕を話す人って、根底には恨み辛みがある人が多いじゃないですか。

貴闘力　だって俺がクビになったのは野球賭博をしたからであって、それは自業自得だから恨みなんかないよ。ただ、俺は相撲が好きだし、外に出てから相撲界のおかしなところがより見えてきたから改善してもらいたいと思って言ってるだけでね。昔は何か言いたいことがあっても、せいぜい週刊誌にしゃべるくらいだったけど、いまはＹｏｕＴｕｂｅで自分で発信することができるし。

椎名　やっぱり、そこが昔と違いますよね。

貴闘力　ＹｏｕＴｕｂｅがいいのは、フットワークが軽くなって即出せる。ライブ配信もできるし、自分がしゃべって出すだけだから、人手が少なくて済む。それでテレビの視聴率１パーセントって、単純計算で１００万人じゃないですか。これがＹｏｕＴｕｂｅのチャンネル登録者数だと考えると大変な数だよ。そう考えると、テレビみたいに10パーセントとか20パーセントは必要ないの。石橋貴明さんみたいに視聴率２～３パーセント分にあたる熱狂的なファンがいれば、２００万、３００万になるわけよ。自分のチャンネルを毎回１００万人が観てくれたら、これは凄いよ。

玉袋　視聴率１パーセントよりそっちのほうがいいよな。そりゃあユーチューバーになるのもわかるよ。

「一緒に相撲中継を観てしゃべるのはおもしろいと思うけど、それで玉ちゃんに仕事が来なくなっちゃうと困るでしょ（笑）」（貴闘力）

椎名　貴闘力さんは以前からＹｏｕＴｕｂｅの時代が来ると思ってましたか？

貴闘力　いや、自分でやってみて「これは凄いな」と。オッズパーク（競馬・競輪・オートレースのインターネット投票サイト）が始まったときも「俺の時代になったな」って思ったんだけど（笑）。

玉袋　オッズパーク（笑）。

貴闘力　あれをやってみて、いろんな発想が出てくるわけよ。オッズパークを相撲協会用にアレンジすればいいわけだから。

玉袋　そうだ！

貴闘力　システムだけ作ってさ。「今日の試合、こっちに3000円」とかって（笑）。

玉袋　おもしれえよな〜。そうなってほしいよな。

貴闘力　暇を持て余してる年金暮らしの人には「それ以上は張れません」みたいなさ。500円までとか。

ガンツ　上限を決めて、ギャンブルで破綻しないシステムにしておくわけですね。

貴闘力　場所中15日間、500円、1000円で楽しめたらいいじゃない。それで2割は協会に入るようにしてさ。協会は経費だってそんなにかからないしさ。

椎名　基本、システム料だけですもんね。

貴闘力　もしこれを始めたとして、どこをターゲットにするかと言えば、いちばんは中国！

玉袋　いいっスねー。

椎名　常に最大収益を考えているわけですね（笑）。

ガンツ　相撲ほどわかりやすい格闘スポーツはないわけだから、言葉の壁なんかまったくないですもんね。

貴闘力　そう。勝った負けたが簡単にわかる。土俵から出せば勝ち、コケたら負け。誰にでもわかる。ギャンブラーが熱狂する3大要素はなんだと思いますか？

玉袋　なんだろ？

貴闘力　まず勝負が早い、そして簡単。もうひとつはライブで観られること。カジノでいちばん流行ってるのだってバカラでしょ？　あれって1秒か2秒で決まるじゃん。

玉袋　すぐですよ。

貴闘力　だから、それが相撲にも当てはまるんですよ。

ガンツ　相撲こそ、ギャンブルに最適なスポーツだと（笑）。

貴闘力　賭け方だって、15日間トータルした賭け方もあれば、一番ずつ賭けるのもあるし、いろんな賭け方を作ってやればいいんですよ。そんなのは無限にあるわけで。

玉袋　最高だよ、それ。相撲を観る人も増えるだろうし、協会も潤えば、力士も潤う。

貴闘力　国も潤うよ。そしてターゲットは中国人だから「カネを根こそぎ取ってやれー！」みたいな（笑）。

ガンツ　相撲くじを爆買いさせようと（笑）。

玉袋　もう尖閣場所開催だよ（笑）。

貴闘力　東南アジアでやってもいいしね。シンガポールとかマカオとか。

玉袋　それやったら、すげーでっかいビジネスだよ！

貴闘力　国技館でやる場合だって、中国から「いくらでも払うから相撲を観たい！」って人が出てくるはずなの。そうしたら東京都でお金をバンバン使ってもらうわけでしょ。

玉袋　インバウンドだよ。

貴闘力　まあ、いまはコロナだからできないけど、あともうちょっとで終息すると思う。そのときにどうやって闘えるかなんですよ。

ガンツ　近未来を見据えてるわけですね。

貴闘力　やっぱりお金って大事じゃない。「俺はお金じゃないんだ」って言ってても、最終的にはお金はないよりもあったほうがいいから。

ガンツ　プロスポーツは稼がなきゃしょうがないですもんね。

玉袋　そうなんだよ。いかに稼ぐかがプロスポーツなんだからさ。いや〜、貴闘力さん最高だな。

貴闘力　玉ちゃん、ウチのYouTubeにも出てくださいよ。

玉袋　ぜひぜひ。俺も相撲ファンのひとりとして、貴闘力さんの愛のある提言に賛同してますから。

椎名　YouTubeで再生計画をやるにあたって、相撲協会というか尾車親方に対して「それは違うんじゃないの!」っていう気持ちは強いんですか?

貴闘力　だって八百長ばっかりして大関になった人間が言うことに説得力ないでしょ。そんなの「おまえ、相撲を語れるの?」って。

玉袋　NHKの相撲中継を観たってさ、「なんか説得力がねえな」って思っちゃう解説者がいるんだよな。

貴闘力　自分がやってたら、「これはダメだろ、白鵬。いいかげんにしろよ」とか言えないでしょ（笑）。

玉袋「おまえが言うな、グルコサミン!」とかね（笑）。でも、それを観てるのもまたおもしろいんだけどさ。

貴闘力　そういう裏の解説があってもおもしろいなとは思うんだけど（笑）。

玉袋　俺、ホントに貴闘力さんの横でずっと相撲観てえもん。

椎名　玉さんと貴闘力さんが相撲中継を観てしゃべってるのをYouTubeで流すとか（笑）。

貴闘力　それ、おもしろいよね。でもそれで目を付けられて、玉ちゃんに仕事が来なくなっちゃうと困るでしょ（笑）。

玉袋　いやいや。じゃあ、貴闘力さん。これからもYouTube楽しみにしてますよ!

平成十二年三月場所
前頭 貴闘力忠茂関

自己投影観戦記

できれば強くなりたかった

第109回 アントニオ猪木 最後の闘魂

椎名基樹

椎名基樹（しいな・もとき）1968年4月11日生まれ。放送作家。コラムニスト。

その日、いつものようにベッドに寝転んでスマホをいじっていると、ツイッターのタイムラインにアントニオ猪木の「今日も1日リハビリがんばりました。アントニオ猪木最強の敵と闘っています」と題された動画が流れてきた。視聴すると、戦慄して思わず息をのんだ。『KAMINOGE』の読者のみなさんも、この日この時刻、私と同じような反応した人が多いと思う。1週間経った現在、この動画は再生回数400万を超えている。

パジャマ姿でベッドに座ってリハビリを受ける猪木の姿は、かつて見たことがないほどやつれている。痩せていて、目の下のクマが目立つ。一瞬カメラに向けた視線の、そのうつろな光に戦慄する。身体もずいぶんこわばっているようだ。リハビリの体操も日常的にする身体の動き以下の強度で行われている。身体の柔らかさが自慢のアントニオ猪木だったのに。

ちょうど1年前に本誌で猪木にインタビューさせていただいた。そのときも体調が悪そうだったが、この1年で随分と悪化してしまったようだ。

BGMの「猪木ボンバイエ」が、カラ元気を煽っているようで痛々しく聞こえてしまう。猪木は無言のままだ。そこに「アントニオ猪木最大の敵と今闘っています。自分自身です」というテロップが添えられた。その最後の敵に猪木は勝てるのだろうか？動画を観ているとそう思わざるを得なかった。

この映像を観たとき、「これを世間に流布する必要があるのだろうか？」と思った。しかし、あとで話を聞いたところによると、先にアントニオ猪木の死亡説が流れ、それを打ち消すためにこの動画を投稿したらしい。

とんでもなく不謹慎な言い方であるが、アントニオ猪木は死亡説がよく似合う。死亡説もそれが猪木に関すると言うだけで、妙に信憑性が高く思えてくる。アントニオ猪木は、あまりにも偶像化されていて、まるで架空の存在のように思えるので、普段から地上から足が離れているようなそんな印象があるのかもしれない。

さらに、猪木には元来「死」のイメージがつきまとう。引退試合は4月4日に行われた。実況を務めた古館伊知郎はその不吉なナンバーにめざとく言及して「アントニオ猪木は今日死ぬのか？」と視聴者を煽った。猪木の存在感が、不穏な空気を作り出したのだ。

第1回IWGPの決勝戦で、ハルク・ホーガンのアックスボンバーで失神した猪木は救急車で運ばれた。そのことがニュース速報で報道された。中学生の私は、猪木が生死の狭間にいると信じて緊迫した思いで、その後の数日間を過ごした。

「猪木の死を目の当たりにしてしまった」と恐怖したのが、引退カウントダウンで行われたビッグバン・ベイダー戦である。ジャーマン・スープレックスで、猪木が身体をくの字にしてマットに叩きつけられたとき、会場で観ていた私は「死んだ」と、マジで思った。この試合で53歳の猪木がとった、激烈な無数のバンプは、痛みを神に捧げる生贄の儀式のように見えた。

試合相手のビックバン・ベイダーも「死」の香りがつきまとう選手だった。狂気溢れた試合ぶりは、内面の危うさを連想させた。本誌でベイダーにもインタビューさせてもらった。そのインタビューから約1年後にベイダーは他界してしまった。ベイダーは、アメリカンフットボールとプロレスによる、長年の脳へのダメージで、知覚に変調をきたしていて、それがとても恐ろしいと語っていた。そのときの暗く青い目が忘れられない。

猪木は少年時代に、移民としてブラジルに渡る船の中で祖父を亡くしている。家族全員で移民になることを決断したのは、その祖父だった。猪木一家は、祖父の遺体を日の丸に包み海に水葬した。私と年齢が30歳も変わらない同時代の人間とは思えない壮絶な体験を、猪木はしている。

猪木の祖父は新たなる「生」を求めて、その途中で亡くなってしまった。そのことを考えたとき、猪木に「死」のイメージがつきまとうのは、その「生」があまりに強烈だからだと気がついた。欲望があまりにも強烈だから、そのコントラストで「死」というものが強く浮かび上がってくるのだ。

件の「リハビリ動画」のあともしばらく猪木の死亡説は収まらなかった。そのせいなのか数日後に新たな「私も早く元気を取り戻して皆さんの前で大声で1・2・3・ダァーッ!を早く出来るようにします」というタイトルの動画が投稿された。

猪木は、ベッドに寝ながら視聴者に向けてメッセージを語った。まだ顔色も悪く、ベッドから身体を起こせないようである。にもかかわらず、しゃべるしゃべる（笑）。これはたぶん、猪木が政治家になって身につけた癖なのだろう、意味があるのかないのか、つながっているのかつながっていないのかわからないような話を、とにかく立て板に水で、とうとう10分にわたってノンストップでしゃべり続けた。

いちばん最初に言及したことが、ナースコールを押しても看護師さんが来てくれないという苦情（笑）。文句が言えるほどに回復したのだなととりあえず安心したりする。ただ、現在のいちばんの希望は冷たい水、もっと言えば生ビールを一気に飲み干してみたいと語るのを見て、あらためて苦しい病院生活を送っているのだなと思った。あんなに大変そうな容体で、喉の渇きまで我慢しなければならないなんて。

人生の晩年で身体が弱ってしまったとき、その姿を他人に見せたくないという美学の人もいる。しかし猪木は、すべてをさらけ出すほうを選んだようだ。やはり、そのほうが猪木らしく思える。よぼよぼ、ボロボロの状態で看護師さんに文句を言う猪木を見て、思わず笑ってしまったら、なんだか元気が出てきた。

「早咲きよりも遅咲きのほうが
人生楽しいのかなって
最近は特に思います。
40歳のいまから
ブレイクしたいと思っています。
ここから中村大介主演の
『男はつらいよ』第1作が
始まるんですよ。
そう思うとワクワクしますし、
最近は日々のすべてが
楽しいので」

Uはおまえだ！
熱狂的Uインターファンだった少年が
40歳にしていまなお輝き続ける理由。

Uの後継者 ／ 総合格闘家・プロレスラー

中村大介

KAMINOGE UWF GENOME

収録日：2021年3月3日 撮影：タイコウクニヨシ
試合写真：©DEEP事務局 聞き手：堀江ガンツ

「子どもも生まれて大きくなってきて、自分の中で〝寅さん感〟がなくなってきていたんですよ」

――今日は道場の近くの荒川土手にて、ダボシャツ、腹巻き、雪駄姿で撮影させてもらったわけですけど、これは私服なんですよね？

中村　はい。ダボシャツや雪駄は昔からで、最近、腹巻きをし始めましたね（笑）。

――そろそろ腹巻きをしてもいい年頃じゃないかと（笑）。

中村　ボクも今年、バカボンのパパと同い年になるので（笑）。

――今年41歳ですか。40代になるとみんな『天才バカボン』の「♪41才の春だから～」っていう切ないエンディング曲を思い出すんですよね。「俺もついにバカボンのパパと……」って（笑）。

中村　なんか「ついに」感がありますね（笑）。腹巻きはまだちょっと恥ずかしいんですけど、これをおなじみにしたいですね。

――いまの格闘技界にはいないタイプですからね。

中村　誰も目指さないところを目指してるんで（笑）。

――また、ここ北千住という街に合ってますよね。

中村　昔はこのへん、こういう格好の人がいっぱいいたと思うんですよ。北千住も駅前は綺麗になっちゃったんですけど、道場周辺はまだ昭和の風景が残ってるんで、この格好でも違和感はないかなと。

――中村選手はもともと足立区生まれですよね。

中村　はい。生まれも育ちも北千住で。道場があるほうとは反対口なんですけど。U－FILE CAMPに行っていた10年間だけ（川崎市）登戸に住んでいて、それ以外はずっと足立区北千住ですね。

――じゃあ、この格好もネイティブですね（笑）。

中村　ウチの親がこういう格好をしていたわけじゃないんですけど、途中で寅さんに憧れてからどんどんそっち寄りになっていきましたね。

――寅さんが好きになるきっかけは何かあったんですか？

中村　以前、浅草に昔の映画をやっている映画館があって、25歳くらいのときにそこにふと入ったら、『男はつらいよ』をやってたんですよ。子どもの頃はテレビでやっていてもそんなに興味はなかったんですけど。

――昔は『金曜ロードショー』でよくやってましたよね。

中村　それは大人が観るものというか、なんだったらお年寄りが観るものだと思っていたんですけど、いざ初めて観てみたら「こんなにおもしろかったのか！」ってビックリしましたね。大人が観ているちゃんとした映画なのかなと思ってたら、凄いふざけた映画で（笑）。

――小津安二郎の映画みたいなものかと思ってたらドタバタ喜劇で（笑）。

中村　そこから寅さんに憧れていきましたね。

――粋な感じに惚れたというか。

中村　そうですね。ホントにカッコいいんですよね。ダメなんですけど凄くカッコいい。

――では、25歳までは中村選手の中に寅さん的要素はなかったんですね。

中村　なかったですね。21のときにひとり暮らしを始めたんですけど、洋服とかも普通の格好だったし。寅さんが好きになって雪駄を履き始めてから徐々に変わっていって。

――どんどん寄せていって（笑）。

中村　完全に寄せていってますね（笑）。

――道場の家具も思いっきりレトロですもんね。

中村　こういうのが好きですね。昭和が大好きです。

――去年、『男はつらいよ おかえり寅さん』が公開されましたけど、当然観ました?

中村　観に行ったんですけど、その前までちょっと自分の中で〝寅さん感〟がなくなってきていたんですよ。子どもも生まれて大きくなってきて「ちゃんとしなきゃな」って思っていた時期だったんで。

――フーテンに憧れてる場合じゃないぞと（笑）。

中村　でもそういう時期だからこそ凄く胸に来まして、寅さんが出てくる全シーンで泣いちゃったんですよ。そのあとしばらくは予告編を観るだけでも泣いちゃって。あの映画を観てからまた変わってきたというか、「もっと寅さんでいなきゃダメだ」って思いましたね（笑）。

――ラストの歴代マドンナが走馬灯のように出てきたのはヤバかったですね。

中村　あー、あれはヤバいですよね。ホントにいい映画ですよ。それで調べてみたら渥美清さんが『男はつらいよ』に最初に出演されたとき、いまの自分と同い年だったんですよね。

――あっ、そうなんですね!

中村　凄く上のイメージだったんで、寅さんと同い年になったっていうのにはビックリしましたね。寅さんも40歳から『男はつらいよ』が始まったのなら、自分もまだまだここからだなって思わせてくれて。

――むしろ、ここからが始まりじゃないかと。

中村　また第1作の寅さんがすぐに喧嘩をしてビンビンなんですよね（笑）。

――『こち亀』第1巻の両津勘吉と一緒ですよね。やたら荒いっていう（笑）。

中村　「こんなにひどかったの!?」って（笑）。エネルギーを感じますよね。だからまだ自分は始まってもいなかったんだなって、最近、ホントに思います。

「中学生のとき、毎月みんなでUインターを観るために電車に乗って武道館まで行くのが凄く楽しかった」

——昨年からMMAでもQUINTETでも大活躍で、「ここからが全盛期」と言ってるのは、まさに寅さんからパワーをもらっていたんですね。

中村　ホントに力と勇気をもらいましたね。

——あと中村選手といえば『西部警察PART－Ⅱ』の入場テーマ曲で知られていますけど、あれも世代じゃないですよね？

中村　ぜんぜん世代じゃないですね。自分が19歳のとき、大学を1年で辞めちゃったんですけど、その頃、石原裕次郎さんの十三回忌で再放送を毎日やってて。そこから『西部警察』にハマっちゃったんですよ。

——寅さんより『西部警察』のほうが早かったんですね。

中村　友達も好きで、ふたりで十三回忌の法要に行きましたから。たしか20万人くらい集まったんですけど、記念のワインももらって。それもあって「デビューするときは『西部警察PART-Ⅱ』の曲で入場しよう」と思って、そこからずっと使ってますね。ただ最初に使ったときは、ちょっとギャグみたいに思われたみたいで失笑が起こったんですよ。それが悔しくて。

——2000年代初頭の格闘技界って、特に小さい会場だとウケ狙いのテーマ曲とかけっこうありましたもんね。

中村　でも、こっちは「冗談じゃない！」と。ガチで使ってたんで（笑）。

——「これがいちばんカッコいいから使ってんだ」と（笑）。石原軍団みたいなスーツが似合う男になりたいですもんね。

中村　スーツに関しては90年代のUインターの記者会見で、髙田（延彦）さんが着ていたダブルのスーツに憧れましたね。肩パットがバシッと入ってるやつが。

——いまはタイトなシルエットのスーツが主流ですけど、あのダボッとしたバブリーなダブルのスーツですね。色はベージュとかで（笑）。

中村　あれを作ろうかなと思っていて、ちょうどいま探してるんですけど（笑）。

——RIZINの会見とかで、90年代前半の〝髙田モデル〟のスーツを着ようと（笑）。

中村　あれは憧れですね。最近、昔のビデオを観ていろいろ研究してるんですけど、昔のUWFの記者会見はみんなスーツを着ていてホントにカッコいいんですよ。

——みんな若いのに大人なんですよね。

DEEP IMPACT
DAYS
DEEP JEWELS

DEEP JEWELS
旅はskyticket

中村　そうなんですよ。まだ20代とかなのにだいぶ大人に見えますよね。

――中村選手がUインターのファンだったことは知られていますけど、いつから好きになったんですか？

中村　プロレス自体は小学1年か幼稚園の頃に親がチケットをもらってきて、全日本プロレスの『世界最強タッグ決定リーグ戦』を武道館に観に行ったのを凄く憶えてるんですよ。

――ちなみに誰の試合だか憶えてますか？

中村　ブルーザー・ブロディが出ていて、あと飛行機墜落事故で亡くなったハル薗田さんの10カウントゴングをやっていたのを憶えていて。それがプロレスとの出会いですね。

――あれは1987年ですから、昭和のプロレスをギリギリ体感してるわけですね。

中村　そこから『プロレス大百科』を買って、兄とプロレスごっこをしたりして。そのあと、しばらく観なくなったんですけど、次は『ワールドプロレスリング』が土曜日の夕方放送になってからグレート・ムタにハマってプロレス熱が戻ってきて。そんなとき、テレビで髙田延彦vs北尾光司を観るんですよ。

――髙田vs北尾はTBSで録画放送されたんですよね。

中村　そこからはもうどっぷりUインターですね。

――Uインターはその後、テレビのレギュラー放送はありませんでしたけど、会場には行ってたんですか？

中村　当時、中学生だったんでお金はなかったんですけど、武道館大会の前とかに新聞で「10組20名様ご招待」っていうのがあって、それに送るとなぜか100パーセント当たったんですよ。

――表向きは「10組20名様」ですけど、実際はその何倍も当たってたんでしょうね（笑）。

中村　最初に当たったときは「やったー！　すげえ！」って思ったんですけど、次もその次も当たるから「なんだこれ、絶対に当たるじゃん！」って。だから友達と最大8人で行きましたね（笑）。それが武道館の『プロレスリング・ワールド・トーナメント』です。

――通称・1億円トーナメントですね。他団体のエース5人に招待状を送付したけど、結局、誰も参加しないから、毎月ある武道館のチケットがなかなか捌けなかったんでしょうね（笑）。

中村　のちに聞いたらそうだったみたいなんですけどね（笑）。中学生とすればホントにありがたいというか。ホントに毎月だったんで、みんなで電車で武道館まで行くのも凄く楽しくて。

――しかも髙田延彦、田村潔司、スーパー・ベイダー、ゲイリー・オブライトが毎月観られるんですもんね（笑）。

中村　あれがUにハマったきっかけでもあります。

――招待券プレゼントのおかげで毎月Uインター生観戦ができて、今日の中村大介があるわけですね（笑）。

中村　東京生まれっていうのが恵まれていたんですよね。地方から出てきて知り合った人もいっぱいいるんですけど、そういうのができなくて凄い悔しかったっていうのを聞いたりするので。

――所（英男）さんは岐阜でUインターは観られなかったけど、WOWOWのおかげでリングスは観られたらしいですからね。

中村　逆にウチはWOWOWには入ってなかったんで、Uインターが毎月、武道館で観られてよかったです。

「あの当時、格闘技経験なしでは入りづらかった。勇気を出してU-FILEに入門した自分を褒めてあげたい」

――ちなみに誰のファンだったんですか？

中村　もう田村潔司一筋ですね。最初は髙田さんから入ったんですけど、若手の中から飛び出てきた田村さんに惹かれて。当時はレガースを履いていない頃でグラウンドレスリングなんですけど。

――キックを封印していたレスリングシューズにハイソックス時代ですね。

中村　キックを封印して寝技の修行をしてるっていうシチュエーションが中学生的には凄くカッコよくて。ホントにそこから田村潔司一筋ですね。

――1億円トーナメントの翌年にあった新日本との対抗戦は、Uインターファン的にどう思ってました？

中村　東京ドームは観に行きましたね。でも当時は裏の話とかはもちろん知らないので、単純に「ああ、ついにやるんだ」みたいな感じで。もともと新日も好きだったんで、中学生としては凄いワクワクして観てましたね。田村さんが出られていなかったことについては「なんで出ないんだろうな……」くらいに思ってたんですけど、ホント純粋にUインターを応援しにドームに行きましたね。

――あの日のドーム、まわりは新日ファンばかりですよね？

中村　凄かったですね。でも垣原（賢人）さんが勝ったときは知らないオジサンとハイタッチをしたり、凄く楽しかったです（笑）。

――佐々木健介さんの「ポカやったあ！」のときですね。髙田さんが足4の字で武藤（敬司）に負けたときはどう思いました？

中村　もうショックでしたね。友達と無言で帰りました（笑）。

――その頃、将来はプロレスラーになりたいっていう思いはあったんですか？

中村　いや、まったくなかったですね。まず人前に出るのが苦手だったんで（笑）。

——じゃあ、何万人の前にパンツ一丁で出るなんて考えられない（笑）。

中村　まず、あのパンツ（ショートタイツ）を穿くのが恥ずかしくて（笑）。

——いまＭＭＡ選手の中で唯一、黒のショートタイツを穿いてるくせに何を言ってるんですか！（笑）。

中村　ホントそうなんですよ（笑）。中学生のときに「あれを穿かなきゃいけないのか……」と思っていたんですけど、いまは率先して穿いてるんで。

——いまプロレス界でもショートタイツは少数派になっているのに（笑）。

中村　変わりましたね。大人になりました（笑）。

——学生時代、格闘技的なスポーツはやってなかったんですか？

中村　やってなかったですね。高校卒業まで野球部だったんで、格闘技どころか喧嘩もしたことがなくて。野球部でもレギュラーになれなくて、高3から19歳くらいまでは自分の中で暗黒時代と呼んでるんですけど、ホントに何もなかったですね。それを救ってくれたのも田村さんの試合だったんですけど。

——田村さんの試合に救われましたか。

中村　Uインターが終わったあと、またプロレスを観なくなっていたんですけど、大学1年のときにたまたま田村さんがリングスで、ヨープ・カステルと防衛戦をやるっていう試合があって。

——1999年8月に横浜文体でやったリングス無差別級王座防衛戦ですね。

中村　それをひさしぶりに観に行ったら、体重120キロくらいで筋肉モリモリの外国人を田村さんが倒したのを観て、あれでU－FILEに入ろうと決意しましたね。

——あの試合はKOKになる前、リングスルール最後のタイトルマッチなんですよね。その試合をたまたま観て、人生を変えるきっかけになったたっていうのは運命的ですね。

中村　それでU－FILEに入門すると、ジムに田村潔司がいるんですよ。当たり前ですけど（笑）。

——当たり前だけど、「すげえ、本物だ！」と（笑）。

中村　あの頃の田村さんに触れられたのは、いま思えば凄く貴重な体験ですよね。ヘンゾ・グレイシーに勝ったときも顔を合わせてましたからね。

——ヘンゾ戦は、カステル戦のちょうど半年後ですからね。田村さんがいちばんバリバリのときで。

中村　そうなんですよ。自分でもよく勇気を出して入会したなと思って。やっぱりあの当時、格闘技ジムって凄くハードルが高かったので、格闘技経験なしでっていうのは入りづらいですよね。だから勇気を出して入門した、あの頃の自分を褒めてあげたいですね。

――そこで勇気を出さなかったら、いまの自分はなかったわけですもんね。

中村 まったくないですね。あのタイミングを逃してたら格闘技は絶対にやっていなかったと思います。U－FILE以外で格闘技をやろうと思ったこともないので。

――U－FILEもプロになりたくて入ったわけではなかったんですよね?

中村 最初はそうですね。とにかくずっと好きだった格闘技をやってみたいっていうだけで入って。ただ当初、寝技のスパーリングはパスガードだけ、抑え込みだけだったんですけど、初めてやったときにハマったんですよ。「こんなに楽しいんだ!」って。

――寝技のイロハの状態でハマったと。

中村 初めてやって楽しくて、それがいまだに楽しくて20年続けている感じですね(笑)。たぶん練習する中で、どっかで「これはやっていけるな」と思ったからプロにもなったんだろうし。

――「俺、才能あるぞ」みたいな(笑)。

中村 わかんないですけど(笑)。なんかやってみようと思って。

「『プロレスとは?』『U－STYLEってなんなんだろう?』って凄く悩みました。誰でもできるものではないんです」

――でも最初から寝技にハマったということは、才能があるということですからね。

中村 あー、そうですね。できなかったら嫌になっていたと思うし、ハマりはしないかもしれないですよね。ただ、最初は打撃が怖くて毎日ボコられてました。

――それもいまの中村選手から考えると意外ですね。

中村 一度、スパーリングで鼻血がドバーッと出たときがあって、そこから振り切れたというか。顔面を打たれるのもどうでもよくなって、あまり怖くなくなったんですよ。

――洗礼を受けたことで恐怖を克服したと。

中村 はい。長南(亮)さんに跳びヒザ蹴りをやられて鼻血が信じられないくらい出て、そこからです(笑)。

――トビ職人に跳びヒザやられて(笑)。

中村 たしかに当時はまだ現役のトビ職人でしたね(笑)。それで鼻が曲がってからはどうでもよくなって、変わっていきましたね。

――それぐらいガンガン練習してたんですね。

中村 それは長南さんの存在が大きくて、U－FILE内の

同世代で「長南爆闘族」っていうものがいつの間にかできたんです（笑）。

――ジム内でそんな不良グループができあがってましたか（笑）。

中村　「長南爆闘族」のステッカーも作って、田村さん派とはちょっと違うグループができてました（笑）。そこに自分も入れてもらったというか。長南さんが自分のことを認めてくださって、スパーリングに誘ってもらったり、「試合に出ろ」って勧めてもらったりして、それで試合にも出るようになりましたね。

――長南派は「プロでやっていくぞ」っていうガチグループだったわけですね。

中村　そうですね。アクリルのスーパーセーフっていう面を被って顔面を殴り合ってたりとか。田村さんはケガの心配をして「ガチスパー禁止」っていう感じだったんですけど、長南さんのグループのほうで激化してましたね（笑）。

――そして中村選手も2002年にプロデビューするわけですよね。

中村　プロデビュー戦はシャノン〝ザ・キャノン〟リッチですね。THE BESTっていう大会で。

――THE BESTはいちおうPRIDEの登竜門的な大会でしたから大抜擢ですよね。

中村　アマチュアでまだ2、3戦しかしていなかったのに急に

すよ。推薦していただきまして、それでやったら勝っちゃったんで

――リッチもＰＲＩＤＥファイターですからね。桜庭和志選手に秒殺された1試合だけながら。

中村　超ビビってたんですけど、あの試合は楽しくできましたね。その後、ＤＥＭＯＬＩＴＩＯＮで定期的に試合をさせていただき経験を積めたので、あれも恵まれた環境でしたね。

――あと中村選手の場合、そういったＭＭＡ公式戦以外にもＵ－ＦＩＬＥ内での試合もあったじゃないですか。ＳＴＹＬＥ－ＧとかＳＴＹＬＥ－Ｓといった試合形式で。ＳＴＹＬＥ－Ｅはエンターテインメントの E で、通常のプロレスだってわかるんですけど、ＧやＳはどうだったんですか？

中村　Ｇはグラップリング、Ｓはキックルールのストライキングで、どっちも格闘技ですね。あとＳＴＹＬＥ－Ｕというのもあったんですけど、これはのちのＵ－ＳＴＹＬＥとは別で、あれも格闘技でしたね。

――後楽園ホールやディファ有明でやっていたＵ－ＳＴＹＬＥはプロレスの試合でしたけど、Ｕ－ＦＩＬＥの西調布アリーナでやっていたＳＴＹＬＥ－Ｕは、ＵＷＦルールの総合格闘技だったと。

中村　それを20キロ、30キロ差の選手相手とかでも普通にやってたので、ホントに死ぬ気で闘ってました（笑）。

――だから中村選手や当時のＵ－ＦＩＬＥの選手って、ＭＭＡ公式記録に残らないリアルファイトをやっていたってことですよね。

中村　あれは戦績に入ってないんですかね？

――シャードッグ（世界最大のＭＭＡ記録サイト）には載ってません（笑）。

中村　それはそうですよね（笑）。でもやってましたね。

――お笑いで言えば、〝小屋〟で経験を積んで力を蓄えるというか。

中村　地下格みたいな感じでしたよね。

――西調布アリーナはホントに地下1階にあったし、ヤカラや不良がいない地下格闘技ですね（笑）。

中村　そうですね（笑）。だからＵ－ＦＩＬＥの大会も凄くいい経験になりました。定期的に試合があるっていうのが選手にとっては大きいので。

――ジムの定期戦だからこそガチガチに勝敗にこだわることなく、いろんなことを試しながら場数が踏めるわけですもんね。あと西調布アリーナでは『Ｕ－Ｚｅａｌ』っていう興行を一時期定期的にやっていたじゃないですか。中村選手がエースみたいな感じの大会でしたけど、あれも総合格闘技なんですか？

中村　あれはまたちょっと難しいところで、ＵＷＦスタイル

のプロレスと言えばプロレスなんですけど、勝敗は決まってないんですよ。お客さんと相手の空気を読み合いながらやるっていう。凄く難しくて、あれは誰でもできるものではないですね。

——でも、それが「プロレス」のカテゴリーに入るのかは微妙ですよね。かといって、純粋な総合格闘技とも違うし。

中村　そうなんですよ。『U－Zｅａｌ』旗揚げ戦のときはハイキックで相手を失神させてしまって、「これは果たしてプロレスなのか？」みたいな感じがやっている自分たちにもあって。その頃は「プロレスとは？」「U－STYLEってなんなんだろう？」って凄く悩みましたね。

「一時は就職も考えて築地市場でバイトをしていたんですけど、やっぱり格闘技をやりたいっていう」

——だからUWFを知らない世代は、UWFの試合って総合の試合に〝決まりごと〟を作った、本気でやらないエキシビションみたいに思っている人もいますけど、全然違いますよね。

中村　全然違います。自分はプロレスとか格闘技とかそれはどっちでもよくて、UWFとしてガッチガチにやり合う試合をやってたので。

——ガチガチのやり合いで攻防を魅せることをしていたわけですね。

中村　だから格闘技なのかどうなのかは関係なく、あれは凄いい闘いであるのは間違いないし。自分はいま総合の試合に出ていても勝敗はべつにこだわってなくて、観に来てくれた人が「スゲーな！」って思えばいいなって。前からそういう感じではあったんですけど、去年MMAに復帰してからは余計にそう思うようになって。

——「負けないための試合はしない」ってことですよね。

中村　桜庭さんもインタビューでおっしゃってたんですけど、いまの選手は負けない試合をしてるのでつまんないっていうか。「勝ちに行く試合をしなきゃいけない」っていうのは自分でも思っていて。

——そういう姿勢も若い頃、西調布アリーナでのU－FILEの大会で培ったわけですよね。

中村　『U－Zｅａｌ』という興行は、お客さんの投票があったんですよ。今日いちばんいい試合、よかった選手を投票して、それがポイントになってたんで、それも凄い意識してやってましたね。

——それもお笑いの小屋にあるシステムですね（笑）。

中村　ホントそうですよね（笑）。田村さんはそういう若手育成が凄いですよね。お客さんの前に出せる選手にするという。

自分も道場をやってるんでわかるんですけど、あんなに選手が試合にバンバン出ていくっていうのは凄いですよ。

——中村選手もそこで場数を踏んで、魅せる意識を培ったからこそ、DREAMや『Dynamite!!』でも力を出せたという。

中村　そう思います。だから西調布で闘ってきた経験はホントに大きいですね。

——あと中村選手の試合でひとつ、「あれはどういう試合だったんだろう?」と長年思っている謎の試合があって。2005年にDSEが主催した『U－STYLE Axis』っていう大会が有明コロシアムであったじゃないですか。あのときのフランク・シャムロック戦はなんだったんですか?（笑）。

中村　「なんだった」っていうのはどういうことですか?（笑）。

——あの興行で1試合だけ異質に感じたんですよ。ぶっちゃけ、「これ、ホントにプロレスかな?」って（笑）。ルールは通常のU－STYLEと同じUWFルールでしたよね。

中村　なんか「ガンガンやってもいい」みたいな感じだったんで行きましたね（笑）。

——UWFルールのまま、ズバリ言ってガチでいったと?

中村　そうですね。自分はこんなトップスターの選手とやれることなんかないと思ってたんで、ガンガン行きましたね。

——それは勝てるなら勝っちゃってもいいってことですか?

中村　いや、そこはないですね。っていうか勝てないですよ（笑）。当時もバリバリのトップ選手だったんで。フランク・シャムロックが反対側コーナーに立ってるのを見て「ホントにカッコいいな……」って思っちゃいましたから（笑）。

——フランクは中村選手がそういう感じで来るっていうのはわかっていたんですかね?

中村　あとで聞いたら、「仕掛けてきやがった!」みたいなことを言っていたらしいですけどね（笑）。

——そうだったんですね（笑）。

中村　でも、そこはわかんないですね。ただ自分はU－STYLEっていうのはそういうものだと思ってたんで、普通にやりましたけど。

——だからUはおもしろいですよね。単なるプロレスでも、単なる格闘技でもない、一筋縄ではいかないジャンルというか。

中村　なので、そういう試合をAxisの中でフランク・シャムロック相手にできたのはうれしいですね。

——そういう経験によって実力も度胸もついて。

中村　度胸はホントにつきましたね。その後、海外のM－1という大会に定期的に出させてもらったのもデカいです。海外はけっこう段取りがメチャメチャだったりするんですけど、それでも動じずに試合できるようになったので。Mb1を含めて海外は10試合ぐらい出て、イギリスのCage Rage

に出させてもらったり。あれで怖いものがなくなったっていうのもありますね。

——でも世代的に言うと、2012年の大晦日を最後にDREAMが終わったぐらいで、格闘技界は世代交代が進みましたよね。中村選手も2014年に北岡悟選手に判定負けして、DEEPライト級王座を明け渡してからは「このまま徐々にフェードアウトしていっちゃうのかな」と思った時期もあったんですけど。

中村　実際、その頃にちょうど結婚して、北岡選手にベルトを獲られたあとくらいに子どもが生まれたんですよ。そこから試合に向けてのモチベーションもなかなか上がらず、一時は就職も考えて、築地市場でバイトをしていたんですけど。

——築地市場も似合いますけど、子どももできて、第二の人生に進もうともしていたんですね。

中村　それも好きな仕事だったんで、そのまま就職っていうのもありかなと思っていたんですけど、やっぱり格闘技をやりたいっていうのがあって。その頃はたまにU-FILEまで行ったり、あとは家や公園で練習するだけだったんですけど、自分の道場を作ろうと思ったんですね。

「いまだに『一本極めりゃいいでしょ』って思ってるんで。ずっと大逆転勝ちをやりたいんですよ（笑）」

——格闘技を続けるために自分の道場を持とうと。

中村　そうですね。なので、いまだにこの道場は自分が練習するためというのがいちばんで、指導者という感じではないですね。「一緒に強くなろう」っていう感じでやってまして。

——だから道場のレイアウトもずいぶん趣味に寄ったというか。

中村　ただの自分の家ですよ（笑）。ウチに来て「一緒にプロレスごっこをしようね」っていうスタンスなんで。そんな中で桜庭さんにQUINTETに誘っていただいたのがホントにデカくて。格闘技を始めたばかりの頃の寝技の楽しさを再認識しまして。またQUINTETが凄く楽しい空気なんですよね。桜庭ワールドと言いますか、「殺伐としちゃダメですよ」っていうような（笑）。あの空気感が自分にはホント合ってるし、凄く好きです。

——昨年10月、中村選手や所英男選手の「TEAM TOKOROPLUS α 2nd」（所英男・中村大介・金原正徳・今成正和・小谷直之）がQUINTETで優勝したとき、「これは四十路の青春だな」って思ったんですよ（笑）。

中村　あのチームはホントに楽しかったですね。青春してました（笑）。毎回みんなキャッキャ言いながら好きなグラップリングをやってる感じですね。それで格闘技の楽しさを再確認できて、それが結果につながってる気がします。

――楽しいからこそ、40代になっても厳しい練習を続けられると。

中村　特に試合前の練習ってキツくて嫌になっちゃうんですけど、そんなときは仲間とプロレスごっこっぽく寝技のスパーリングをやるんですよ。そうやると楽しくなって、自分自身ノッてくるんですよね。

――プロレスごっこがＭＭＡやＱＵＩＮＴＥＴの結果に繋がってますか（笑）。中村選手って、じつは天才ですよね？

中村　ＲＩＺＩＮの笹原（圭一）さんからは「天才だ」って言われましたけど、そうなんですかね？（笑）。

――プロレスごっこで強くなるって、特異な才能ですよ（笑）。

中村　このやり方が向いてるって気づけたんだと思います。人それぞれあると思うんですよね。凄く努力できる人とか、集中できる人とか。ボクは自分に合ってるやり方を探す才能がちょっとあるんだと思います。

――ファイトスタイルもライフスタイルも。

中村　居心地がいいものを探すっていう。だから就職したこともないですし（笑）。もちろん好きなことだけをやってたら生きていけないと思うんですけど、自分はけっこうやらせてもらってるので恵まれてますよね。

――試合スタイルも唯一無二のものがありますよね。現代ＭＭＡのトレンドに逆行しているというか。

中村　いわゆるＭＭＡみたいな試合は自分の中ではしたくないし、向いてないと思うんですよ。長南さんのジムに一時期出稽古で行かせてもらってたんですけど、やっぱり自分にはＭＭＡみたいなことはできないし、長南さんも「自分のスタイルでいいよ」とは言ってくれてたんで。

――いまのＭＭＡは、寝技よりもそこにいくまでのケージレスリング、壁レスが重要視されているようなところがありますよね。

中村　そうですね。テイクダウンの攻防とか。ただ自分の中では、いまだに「一本極めりゃいいでしょ」って思ってるんで。ずっと大逆転勝ちをやりたいんですよね（笑）。ずっと漬けられていても最後に勝ちゃいいと思ってるんで。それが観てる側としてはいちばん盛り上がるじゃないですか。

――「ポイントを失った」とかそういう頭がないんですね（笑）。

中村　全然ないですね。最終的に勝ちゃいいと思ってて。いまはウチの若いコもちょくちょく試合に出てきているんですけど、そういう選手を育てたいですね。どんなに劣勢でも最後まで勝つ可能性があるというか。そのほうが観てる側も絶対におもしろいと思うので。

――プロとしての個性にもなりますしね。

中村　やっぱり「必殺技」があるって凄いことですよね。

――中村選手といえば腕十字ですけど、なかなか代名詞になる技を持っている選手っていませんもんね。

中村　こないだQUINTETで初めて今成正和さんとチームを組んで、一緒に練習したり、しゃべったりさせてもらったんですけど、ホントにカッコいいですよね。一筋というかファン目線で見ても単純にカッコいいですよね。ああいう選手を作りたいですよね。

――今成選手も、どんなに劣勢になっても「足関で逆転あるんじゃないか」って最後まで思わせてくれる選手ですもんね。

中村　そういうのが自分は好きだし、やっていきたいですね。

――現代MMAの若い選手って、穴がない選手が多いじゃないですか。そんな中で中村選手が結果を出しているのは痛快ですよ。

中村　こないだの『DEEP100』（2月21日・東京ドームシティホール）の試合は凄く自信になりましたね。相手はバリバリのチャンピオンですから。

――現DEEPフェザー級王者の牛久絢太郎選手に、顔面へのヒザ蹴りでKO勝ちですもんね。

中村　まだ自分もいけるんだなって（笑）。ライト級からフェザー級に階級を落として再チャレンジしてるんですけど、いきなりチャンピオンを倒しちゃったんで。

――また劇的な結末でしたしね。

中村　自分で言うのもなんですけど、凄い試合でしたね（笑）。

――頭からタックルにくる牛久選手のバッティングで2度中断されたのが、〝フリ〟になっていたというか（笑）。

中村　頭から来るんで「ヒザ蹴り入るかな」と思ってやってみたら、ものの見事に入りましたね。

――ヒザ蹴り一発でKO勝ち。昨年の長倉立尚戦も右ストレートで一発KO勝ちでしたよね。

中村　最近、武術系の先生に来てもらって、体幹や軸を意識したトレーニングをやってるんですけど、軸を意識することで打撃力も上がってるのかなと。長倉選手との試合もただのワンツーなんですけど、真ん中をズドンと突いての失神KO勝ちだったので。ここに来て気づきがいっぱいあって。

「早咲きよりも遅咲きのほうが
人生楽しいのかなって。40歳のいまから
ブレイクしたいと思っています」

――腕十字職人が、40歳過ぎてから相手をKOするコツをつかみはじめたと（笑）。

中村　こっちは寝技をやりたいんですけどね（笑）。ただ打撃力が上がったことで寝技じゃなくてスタンドでも、最後までわからない試合ができるようになるんじゃないかと思います。

——ここにきての2連続KO勝ち。しかも現DEEPフェザー級王者を倒したというのは凄く大きいですよね。今年、RIZINフェザー級GPが開催されるんじゃないかと言われていますけど、中村選手が台風の目になる可能性大ですよ。

中村　出たいですね（笑）。ボクは楽しいことがしたいんで。いまRIZINにフェザー級の強い選手が集まってきてるんで、絶対に楽しいだろうなって。

——各団体のチャンピオンクラスが集まる中でひとり黒のショートタイツがいるっていう（笑）。

中村　いいですよね（笑）。RIZINってレガースはダメなんですか？

——シューズがOKだから大丈夫だと思いますよ。誰もつける人がいないだけで（笑）。

中村　まあ、黒パンに素足かレガース、どっちかでいきますね。

——朝倉未来戦とか観たいですけどね。

中村　おー、いいですねえ。

——キャラがまったく違うところが（笑）。

中村　向こうはどういう反応するんですかね。黒パン一丁のオジサンが出てきて、それにケンカを売ろうとするのかどうか。

——まだ「黒パン狩り」はYouTubeでもアップされてませんから、世界観がまったく違うだけにおもしろいマッチアップになりそうですよね。

中村　そうですよね。逆にチャンスかもしれないですね（笑）。

——しかも、朝倉未来選手を破ったRIZINフェザー級チャンピオンの斎藤裕選手にはQUINTETで勝ってるんですよね？

中村　一本勝ちしてますね。斎藤選手に勝ったことでフェザー級に転向した部分もあるんですよ。「階級を落とせば、まだいけるのかな？」と思って。で、今回の『DEEP100』でフェザー級でやってみて減量もそんなに苦しくはなかったんで、最初からそっちにいっておきゃよかったなって思うんですけど（笑）。

——40歳にして、ついに適正体重が判明しましたか（笑）。

中村　「いまさら？」って思われるかもしれないですけど、そういうほうが楽しいですよね。遅咲きというか。10代のうちにブレイクしちゃう人って、そこからが大変だと思うんですよ。

——過剰な期待がかかりますもんね。

中村　ボクはそういうのがなかったんで、早咲きよりも遅咲きのほうが人生楽しいのかなって最近は特に思います。40歳のいまからブレイクしたいと思ってるんで（笑）。

——まさにこれから中村大介主演の『男はつらいよ』第1作が始まるという（笑）。

中村　そうですね。ここから『男はつらいよ』が始まるんですよね。そう思うとホントにワクワクしますよ。最近は日々のすべてが楽しいんで。
——中村大介版『男はつらいよ』の第1作は、大一番が来そうな気がするんですよね。斎藤選手にQUINTETで勝ってることが伏線となって、RIZINで再戦とか。斎藤選手に勝った中村選手が朝倉未来選手と対戦とか、そのあたりが来るんじゃないかなって（笑）。
中村　自分で言うのもあれですけど、誰とやっても画になるというか（笑）。
——画としてもおもしろいと（笑）。
中村　完全に見た目で（笑）。絶対にいいですよね。それはワクワクしますね。
——そして『DEEP100』に続き、RIZINで勝ったあとにまた「プロレスリング・ノア、杉浦軍の中村大介です！」って挨拶して、会場のファンがみんなポカンとなるっていう（笑）。
中村　アッハッハッハ！　あれ、会場がシーンとしてましたね。まあ、そうなりますよ（笑）。
——客層が違いすぎますから（笑）。
中村　でも、あれは絶対に言いたかったんですよ。実際、ノアの試合に出させていただいたっていうのもあるんですけど。去年の長倉選手との試合でMMAに復帰するとき、ちょっとナーバスになっていた頃もあったんですよ。そのときに桜庭さんと杉浦貴さんがGHCタッグチャンピオンになったのを観て、凄く影響を受けたというか。桜庭さんはプロレスキャリアの中で初めてのチャンピオンベルトってことで凄く楽しそうにしてて。それこそオジサンたちがキャッキャ言いながらやってるのを観て「ホントに素敵な先輩たちだな」と思ったんで。
——50歳ぐらいのレジェンドたちがあんなにキャッキャしてるなら、自分もまだまだこれからだと（笑）。
中村　そうですね。そういう凄い人たちばかりの杉浦軍の一員に、自分がなれたのもホントにうれしいし。
——日本でいちばん強い、オジサン不良グループですからね（笑）。
中村　そうなんですよ。まず、みなさん強いんですよ。だから自分も憧れるんですよね。
——では長南爆闘族以来の不良グループ入りですね。末端構成員として（笑）。
中村　ホントにあれ以来ですね。だからあの頃の青春がまた蘇るというか、ずっと青春ですね。ホントに楽しいです。最近は声を大にして「杉浦軍の〜」って言ってるんですけど、これからも言っていきたいですね。そして諸先輩方のように、強いオジサンを目指していきます！

中村大介（なかむら・だいすけ）
1980年6月10日生まれ、東京都足立区出身。プロレスラー/総合格闘家。夕月堂本舗所属。
中学生のときにUWFインターナショナルに熱狂し、大学生のときに田村潔司が主宰するU-FILE CAMPに入門。2002年7月20日、『THE BEST Vol.2』でのシャノン・"ザ・キャノン"・リッチ戦で総合格闘技デビューして腕十字で一本勝ちを収める。その後、DEEP、PRIDE武士道、M-1チャレンジ、DREAMなどで活躍し、2008年12月31日の『Dynamite!! ～勇気のチカラ2008～』では所英男に腕十字固めで一本勝ち。2012年6月15日、『DEEP 58 IMPACT』のDEEPライト級王者決定戦で岸本泰昭に判定勝ちをして同王座を獲得。2014年6月16日、東京都足立区に道場「総合格闘技 夕月堂本舗」を本格オープン。2019年11月30日、『QUINTET FIGIT NIGHT.4 in AKITA』でグラップリングマッチで現修斗世界王者の斎藤裕にヒザ十字で一本勝ち。2020年9月20日の『DEEP 97 IMPACT』では4年ぶりにMMA復帰戦に臨み、長倉立尚にKO勝ち。そして2021年2月21日、『DEEP 100 IMPACT ～20th Anniversary～』では現DEEPフェザー級王者・牛久絢太郎をヒザ蹴りでKOして、40歳にしてますます存在感を示している。

「ベルトも獲ったので、あとは『もういいです。お腹いっぱいです！』って思えるくらいまで格闘技をやりきりたいです。私のヒザはもう人工関節を入れるコースなので、あと１、２戦ちゃんとやって終わりたいなと思います。いち主婦になってもよろしくお願いします（笑）」

悲願の王座獲得から1年半なのに
まさかの王者になって初独占インタビュー！
「ババアなめんなっ!!」

第３代パンクラス女子ストロー級王者 ／ 総合格闘家

藤野恵実

KAMINOGE THE MATURE WOMAN

収録日：2021年３月５日　撮影：タイコウクニヨシ
試合写真：©PANCRASE　聞き手：井上崇宏

「KAMINOGEチャンネルは思いつきでやってるだけだから、説明できることでもないし（笑）」

――藤野さんは『KAMINOGE』初登場ということで。

藤野 そう、念願の。

――念願のってことはないでしょう。本当の念願だったベルト（パンクラス女子ストロー級）を獲ったのが、おととしの暮れ（2019年12月8日、暫定王者決定戦でチャン・ヒョンジに一本勝ち）ですよね。

藤野 そうですね。そこからずっと取材を待っていたんですけど（笑）。

――かなりタイミングを逸してしまい（笑）。でも『KAMINOGE』以外の雑誌からの取材はありましたよね？

藤野 来てない！ チャンピオンになってこれが初めてのインタビュー！ 冗談じゃない！（笑）。

――えっ！ 1年以上も経ってこれが王者初のインタビューですか？ しかも独占？（笑）。

藤野 ホントに（笑）。たぶん、そこに至るまでみんな燃え尽きちゃったんでしょうね……。だから藤野は『KAMINOGE』のものですよ。独り占めしてください。

――ひっそりとベルトを獲られたんですね。いやいや、あらためておめでとうございます。今日はチャンピオンにいろいろお聞きしたいと思うんですけど、まず、YouTubeで「KAMINOGEチャンネル」っていうのを勝手にやられていますよね？ あれはいったいどういうことですか？

藤野 ああ、あれね。

――チャンネル登録者数が500人くらい？

藤野 いま640人くらい（笑）。

――なんですか、勝手に『KAMINOGE』の名前を使って。たしかに「ロゴデータをくれ」って言われてボクも送りましたけど。

藤野 その時点で承諾とみなして（笑）。

――あのチャンネルのレギュラーメンバーは藤野さん、黒部三奈さん、浜崎朱加さんの3人？

藤野 まあ、そうです。でも誰もやる気がないっていう（笑）。編集はミーナ（黒部）がやってくれてるんですよ。

――あの人、多才！ 1回目の編集は杉山しずかさんがやってくれたんですよね？

藤野 はい。しーやんも上手（笑）。

――そんな『KAMINOGE』にまだゆかりもない人まで使うのやめてくださいよ。こないだボク、杉山さんに謝りましたもん。「杉山さん、なんかすみません」って言ったら「あぁ、いえいえ」ってすぐになんのことだかわかってましたよ

（笑）。

藤野　たぶん、しーやんの中では裏で井上さんがやらせてるってなってるかもしれないです。

――マジで勘弁してください。いやいや、全然やっていただいていいんですけど、万が一、これから『ＫＡＭＩＮＯＧＥ』で公式チャンネルを作ろうと思っても作れないじゃないですか。

藤野　それはサブチャンですね。

――ウチが６４０人のチャンネルのサブチャン!?（笑）。あれはなぜ始めようと思ったんですか？

藤野　んー、単にＹｏｕＴｕｂｅが流行ってておもしろそうだったから？（笑）。

――いいかげんにしてください（笑）。

藤野　でも自分の名前でやるほどでもないなーと。そこまでのクオリティもちょっと出せないだろうと思ったんで、「これはＫＡＭＩＮＯＧＥチャンネルでいこう」って。

――……。いや、絶対に「藤野恵実チャンネル」にしたほうがみんな観ますよ。

藤野　「浜崎朱加チャンネル」とか「黒部三奈チャンネル」にしたほうが絶対に観ますよね。

――そうそう。個人でやったほうが絶対にいいですよ。それでなんの説明もなく始めてるから、みんな「ＫＡＭＩＮＯＧＥチャンネルってどういうこと？」みたいになってるじゃないですか。ボクはそれにはちょっとムカついてますよ（笑）。

藤野　でも思いつきでやってるだけだから、説明できることでもないし（笑）。

――まあ、ＹｏｕＴｕｂｅの話はいいんですけど、藤野さんは生まれたときからどういうつもりだったのかをお聞きしたいんですよ。１９８０年生まれで現在40歳。朝倉兄弟と同じ愛知県豊橋市出身ですよね。

藤野　いや、同じというか私のほうが先に生まれてるんで。

――そりゃそうですけど。どんな子だったんですか？

藤野　アハハハハ。知るわけがないじゃないですか（笑）。

――違います。藤野さんがどんな子だったんですか？（笑）。

藤野　あっ、朝倉兄弟じゃなくて私？（笑）。幼少の頃の記憶がもうだいぶ抜け落ちてるんですよね……。まず５人きょうだいで私は長女ですね。

「基本はコミュ障なんですけど、とにかく目立ちたかったんですよね」

――ああ、藤野さんの世代だと5人きょうだいっていますよね。

藤野　そんなにいないです（笑）。私、女、男、女、男ですね。上3人と下ふたりがちょっと離れてて、いちばん下がいま25歳とかですね。

WINDY

——幼少の記憶がないってどういうことですか？　逆にいつくらいからの記憶ならあるんですか？

藤野　え〜、いつだろ……。けっこうないんですよね。最近は高校時代の記憶も薄れてきているので、友達と昔話をしていても私は憶えていないことが多いし。

——「こんなことがあったよね」って言われても「はあ？」っていう。小学生のときはこんな子で、なんとかっていう先生がいて、好きな男の子は○○くんで、ってあるじゃないですか。

藤野　あー、それくらいは。小学校の頃に好きな男の子はいましたね。いました、いました。何人もいました。

——スポーツはやっていたんですか？

藤野　水泳だけ幼稚園の頃から親にやらされてましたけど、それくらいでスポーツはほぼ何もやっていないですね。とにかく凄い習い事をさせられていて、水泳だけじゃなくピアノもバレエも習字も学習塾にも行って、家庭教師もいて。それで冬場はスケートとかもやっていましたね。

——それくらいの習い事をさせられるって家が裕福っぽいですよね。わりと女の子らしく育てようとさせられていた感じですかね。

藤野　そうじゃなかったら聖心（静岡県裾野市の不二聖心女子学院）に入れないですもんね。

——そうだ。藤野さんってお嬢様学校の出なんですよね。

藤野　中・高・大と聖心で、親はそういう路線にしたかったんだと思います。

——一人めの娘だし、いちばん手塩にかけたというか。

藤野　父親が凄く聖心にこだわっていたんですよ。だから過去に聖心の女となんかあったのかなって（笑）。女がいたのか、それとも実らなかった恋があったのか。

——聖心ってどんな花園なんですか？　やっぱりみんなおしとやかな感じですか？

藤野　べつに普通ですけどね。生徒の3分の1が寮生活で、私も寮に入っていて。結局、男子がいないから女の子同士で先輩に憧れたりとかしたり。

——藤野さん、同性にモテそうですよね。

藤野　まあ、手紙をもらったりはありましたね。あとは同級生の子に「チューしてほしい」とかって寝室に来られたりとか。

——やっぱそういうのあるんですね。

藤野　はい。まあ、べつにチューくらいならいくらでもと思って（笑）。

——あっ、応えてあげるんだ（笑）。

藤野　チューくらいは全然やりますよ。安いものなんで。「抱け」って言われてもちょっと抱けないですけど。

——じゃあ、中・高・大とエスカレーター式で。

藤野　まあ、途中で振り落とされてしまう人もいますけどね。

――中高ではスポーツは何を？
藤野　いや、聖心は部活がないんですよ。クラブ活動を週2回だけ放課後にやるみたいな。それで私は水泳クラブですね。
――じゃあ、格闘技を始める前はスポーツはほぼやったことがない。
藤野　そう。水泳と演劇ですね。
――そうだ、高校で演劇部なんですよね。
藤野　はい。3年間。
――将来は女優になりたいとかあったんですか？　藤野さんって絶対に夢見がちじゃないですか。
藤野　とにかく目立ちたかったんですよね。基本はコミュ障なんですけど。
――その反動なんですかね。
藤野　あと演劇は日本語と英語があって、英語のほうが大人気なんですよ。日本語のほうはほぼ人がいなくて、同じ学年で私ひとりしかいないくらいだったので、私は日本語にして。そうやって人がいないところに行くのが好きなんですよ。
――あー、隙間産業というか。
藤野　隙間産業大好き（笑）。だから部長になってましたね。
――演劇で大会に出場したりしていたんですか？
藤野　ないです。学校の文化祭とかでやるだけ。
――そこまでがっつりとやったわけではないんですね。
藤野　そうですね。水泳クラブだけですね、中体連とかに出たりしたのは。それも決勝は行けないけど予選はなんとか出れるっていうレベルで、べつにたいしたことなかったですけどね。

「お酒は小学生くらいから飲んでました。お墓参りのときにお供えの日本酒が飲めるのが凄く楽しみで」

――まあ、たいした練習もしていないですもんね。高校時代は学校以外の時間は何をされていたんですか？

藤野　高校のときは寮から出られないんで、基本的には学校に行って、帰ってきてっていう。でも夜中に寮を抜け出して飲みに行ってました（笑）。

――えっ、高校時代から！（笑）。

藤野　学校は山の上にあったんですけど、夜中に山を下って飲みに行くんですよ。

――下山して（笑）。

藤野　暗い中を懐中電灯を持って下山するんですよ（笑）。

――高校のときから飲酒をされていたんですね。

藤野　いや、小学生くらいから飲んでました（笑）。

――ウソでしょ!?（笑）。

藤野　ウチは親と一緒なら全然大丈夫だったんで。

——家族で一緒に飲むのならいいと。小学生のときから「酒うめー！」って感じだったんですか？

藤野　そうですね。お墓参りに行ったあとにお供えの日本酒が飲めるのが凄く楽しみで。でも、そんなに量はなくて一口くらいなのでフワフワする感じで。

——藤野さん、やっぱイカれてますね（笑）。

藤野　中学生くらいからテレクラ遊びとかもやってたんで。

——とんでもないな（笑）。テレクラで待機してる男に電話をかけるんですね？

藤野　あっ、いや、伝言ダイヤルだ。それが親にバレてめっちゃ怒られましたけど（笑）。

——でも男をからかって終わりみたいな感じですよね？

藤野　そんな感じです（笑）。あっ、でも会ったこともありますよ。しかもひとりとは付き合ったんですよ。同い年くらいの子がいて。

——藤野さん、まったくコミュ障じゃないですよね（笑）。

藤野　女子校だからあまり出会いがなかったし、家もめっちゃ厳しかったんで。寮に入る前も門限が17時とかなのでまったく遊べなくて。だからよく家を抜け出してましたもん。

——いつだって抜け出しますね。

藤野　最初はがんばって窓から出ていたんですけど、だんだんと慣れてきたら堂々と玄関から出て行ったりしてて。それで遊んで帰ってきたときに玄関の前にオカンが仁王立ちでいて、めっちゃ怒られたり。

——ちょっと素行のよろしくない子ですね。

藤野　でも暴走行為とかはしていないですし、特攻服とかも着てないですよ？

——いわゆる不良ではない？

藤野　まったく不良ではないです。勉強の成績も校内で1、2位くらいでしたし。

——あっ、勉強はできたんですね。

藤野　勉強が好きだったんですよ。いまはヤバイくらい記憶力がなくなりましたけど、試験前とかは教科書の内容をほぼ全部覚えられたんですよ。

——凄い才能じゃないですか。

藤野　何回も読んでたら覚えるので、中学受験もまったく苦じゃなかったんですよ。でも親が学校に呼び出されたときに「成績がよければ何をやってもいいわけじゃないからね」って言われてて（笑）。

——大学の学部はなんですか？

藤野　文学部しかなくて哲学科（笑）。

——あんまり哲学的な感じはしないですけどね（笑）。

藤野　それも人があんまりいないところに行こうっていう理

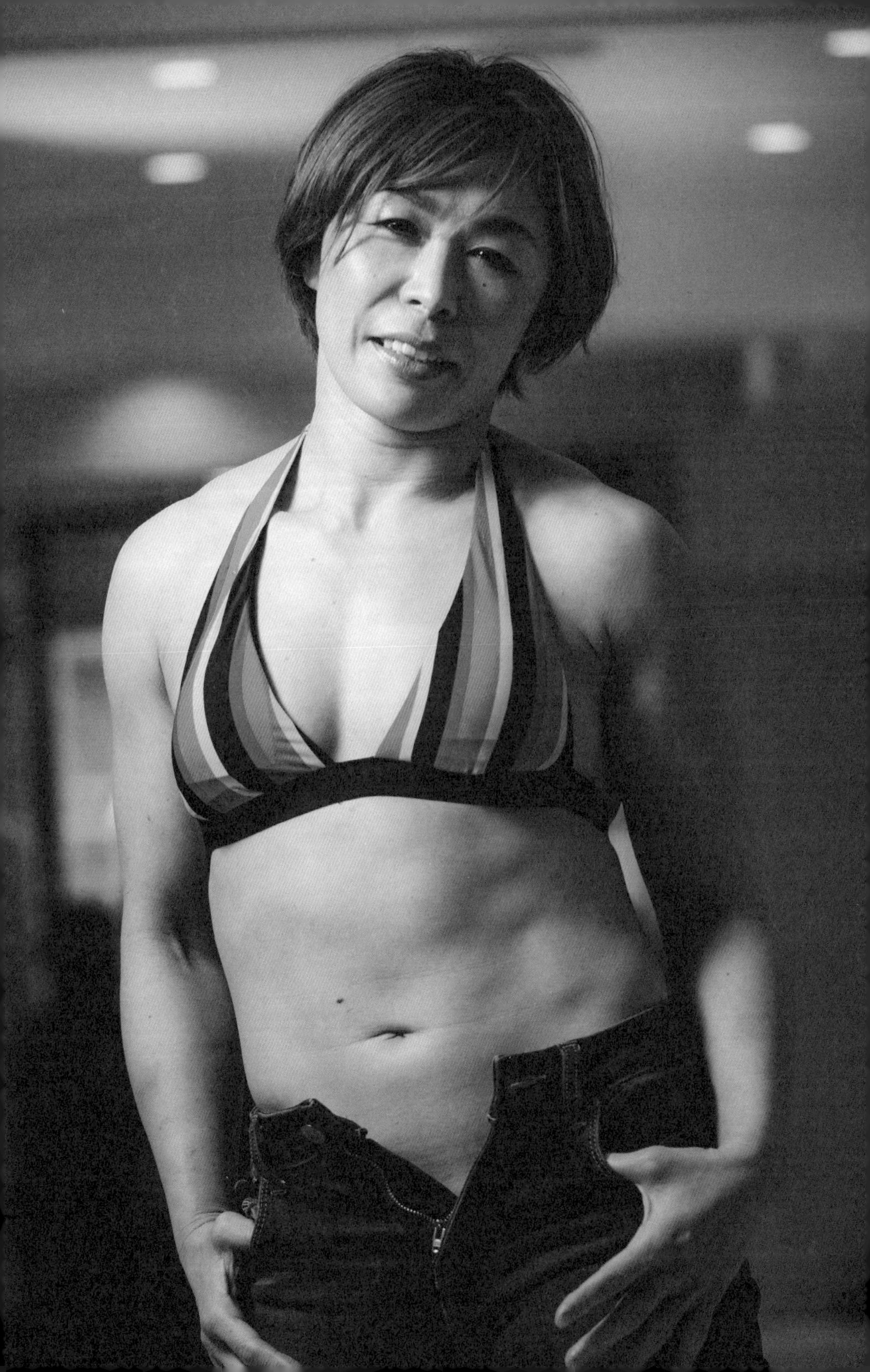

由で。とにかく人が少ないところが好きなんですよ。

——それって格闘技にも繋がる話かもしれないですね。でも大学生だから真面目に哲学を学んだりはしていないですよね？

藤野　ほぼ飲み屋でバイトしてたんで、昼夜逆転して学校ではほぼ寝てましたね。

「PRIDEとかが流行っていた時期で、ちょっとおもしろそうだし、やっている人数も少なそうだし（笑）」

——大学卒業後、就職は？

藤野　父親の紹介でスポーツマネージメントの会社に入社しました。そこで私は最初に大相撲の某有名力士のマネージャー補佐についたりしてましたけど、10カ月くらいしかいなくて。

——どうしてすぐに辞めたんですか？

藤野　その前から格闘技をやっていたんですけど、もうプロになろうと思っていて、そこは定時に終わる仕事じゃなかったのでたぶん無理だなとなって。それで「私、プロになりたいから辞めます」ってさっさと辞めちゃったんですよ。

——格闘技は大学のときにやり始めたんですよね？

藤野　そうです。ダイエット目的みたいな感じでハタチくらいから。

——どうして格闘技だったんですか？

藤野　最初はパーソナルトレーニングで普通にゴールドジムとかでやっていて、そのトレーナーの知り合いに美木航がいたんですよ。ちょうどＰＲＩＤＥとかが流行っていた時期で、ちょっとおもしろそうだし、やっている人数も少なそうだしで（笑）。それで美木航を紹介されて飯田橋の和術慧舟會に入ったんです。当時、月謝が３０００円だったんですよ。

——安い。

藤野　「安いし、とりあえずここでやろう」と思って。

——それですぐに格闘技にハマったんですか。

藤野　そうですね。

——アマチュア大会に出場し始めたのは学生時代ですか？

藤野　学生時代です。いや、私は80年生まれだから……違う、２００３年は23歳だから大学を卒業してますね。

——あー、ネットの情報だと「大学卒業後にダイエット目的で格闘技を始める」ってなってますね。

藤野　いや、始めたのは在学中で、試合に出だしたのは就職してからですね。それで試合に出だしたから「プロになりたい」と思って会社を辞めたんですもん。

——それでプロになるべくお仕事を辞め、そのあともまだ慧舟會ですか？

藤野　そうですね。でも女子ってそんなに練習をやらせてくれないので、普通に夜の練習だけでしたね。

――日中は何をしていたんですか？

藤野　バイトに切り替えて広告代理店に勤めてましたね。

――小賢しいですね。いちいち、それなりのところに勤めるっていう（笑）。

藤野　いや、そこはちょうどバイトを募集していたのと、ほかにもいくつか応募したけどダメで、私が「残業はしたくない」ってハッキリと書いていたからなんですけど、そこは残業なしでもオッケーだったんですよ。

――そこからもう藤野さんは格闘技を何戦やってますか？

藤野　50戦やってないくらいかな？

――50戦！　キックとかシュートボクシングでも試合してますよね。

藤野　キックが4戦、SBが4戦とかだと思います。

――それこそ藤井恵さんとも戦極でやったし、RENA選手ともやってるし。

藤野　立ち技のデビュー戦の相手がRENAちゃんですからね。浜ちゃん（浜崎朱加）ともやってるし。

――だから藤野さんって女子格闘技の生き字引なんですよね。育ちのいいお嬢様が学生時代に格闘技に目覚めて、どうしてここまでのめり込んじゃったんですかね。筋肉の量といい、ちょっと異常じゃないですか。

藤野　私はハマるともうどっぷりなんで。

――でもハタチまでは何ひとつハマってないですよね。

藤野　ハマることがなかったんですよ。

――格闘技にハマった最初の瞬間って憶えてますか？

藤野　力いっぱい出しても叩き潰されたときですかね。抑え込まれたりすると、いくら暴れても叩き潰されるんですよね。

――抑え込まれて身動きができないときに格闘技の魅力を感じたと。

藤野　「すげー、これ！」って。必死に抵抗しても何もできない状態って凄いなっていう。でもそこまでのめり込んだかというと、けっこうほどほどですよ。

「私のヒザは人工関節を入れるコースなんですよ。ここ数年は2週に1回のペースでヒアルロン酸の注射とかをやってる」

――会社を辞めてプロになろうってくらいだから、格闘技以外のものはすべて棒に振ろうみたいな感じではないんですか？

藤野　まあ、そうですけど、普通に遊びに行ったりもしてたんで。何もない時間はすべて練習に使ってましたけど、絶対に格闘技の練習を入れても1日2時間くらいじゃないですか？　べつにそんなに苦ではないというか、仕事が定時で終

LADY POWER
RIZIN女子スーパーアトム級王者
浜崎朱加
WBO女子世界スーパーフライ級王者
吉田実代
RISE QUEENアトム級王者
紅絹
12.8 PANCRASE
#フジノこっちおいでよ

われば2時間とかなんとでもなるわけですから。まあでも、会社を辞めるときはプロになって食べて行きたいと思っちゃったんですけどね。

——女子格闘技も当時はまだ夜明け前だったにもかかわらず。

藤野　でも、いまもべつに格闘技だけでは食べていないからラクですけど。だから当時も若いから「バイトでもなんでも食っていけるでしょ」っていうのはあるじゃないですか。

——藤野さんからそこはかとなく感じるのは、やっぱりちょっと経済的に気持ちの余裕があるというか。お嬢様だからですよね。

藤野　それはあるかもしれないですね。べつに生活できないとかならないしなっていうのはありますね。

——格闘技を続けていく上で何がモチベーションですか？やっぱりいちばんになりたかった？

藤野　当然「強くなりたい」っていうのがあって、「いちばんになりたい」っていうのは前はあったんですけど、やっぱりどんどん現実がわかってきて、UFCには出られないとなってきてモチベーションはちょっと変わってきますよね。ベルトも獲りましたし、あとは「やりきりたい」っていう気持ちが出てきましたね。「もういいです。お腹いっぱいです！」って思えるくらいに格闘技をやりきりたいですね。

——いまで腹何分目くらいですか？

藤野　どうだろうな……半分は行きましたけどね。

——まだ五分（笑）。

藤野　いや、ベルトも獲ったから六分くらいはいったかな（笑）。

——あと藤野さんはヒザが。今日も左ヒザですかね、ちょっと痛そうにひきずって歩いていますよね。

藤野　そうですね。今回ヒザがちょっとダメになったので、津田（勝憲＝元総合格闘家で藤野の夫）からも「あと1、2戦でもう無理」って言われました。私はもう人工関節を入れるコースなんですよ。

——えー。武藤敬司くらい悪いじゃないですか。

藤野　そう。武藤コースなので、あと1、2戦くらいしかもたないだろうと。ここ数年は2週に1回のペースでヒアルロン酸の注射とかをずっとやってる感じなので。

——そもそも、どうしてヒザを悪くしたんですか？

藤野　酷使しすぎましたね。

——酷使してヒザを悪くするっていうのはプロレスラーですよ。総合格闘家ではあまりいないでしょう。

藤野　私は足首や股関節が固くて全部ヒザで受けているタイプの上に、毎朝10キロとかアホみたいに走りまくっていたんですね。それとフルマラソンにも年1とかで出てて、ヒザに負担がかかることばっかをずっとし続けていたから、気づいたら摩耗しすぎてたっていう。で、やっぱ痛いんですよ。だから私はヒザの大切さを後世に伝えていきます。ダッシュしまくってる人とかを見て、「外を走るなよ。走ってもヒザ壊すだけだよ」とかって言いたいですもん（笑）。

——人を殴ったりするのは好きですか？

藤野　嫌いじゃないですね。もともと、弟ときょうだい喧嘩をよくしてましたし、小学校の頃は学校でもよく男子と殴り合いの喧嘩してましたから。絶対に勝ちたかったですもん。だから昔から「強くなりたい」っていうのはあったんですよ。だからPRIDEとかK－1も好きで観ていましたし、柔道部に入りたかったけど学校に柔道部がなかったから。

——ファン時代は誰が好きでした？

藤野　ボブ・サップ。

——旋風を巻き起こしてましたからね。じゃあ、サップのような肉体的な強さが下敷きとしてあるというか。

藤野　サップも最初は強かったですよね。

——もう最高でしたよ。あの人、世界一おもしろかったじゃないですか。

藤野　私もサップを観て「ウォー！」と思って。弟は空手をやっていたので「私もやりたい」って言ったら、親が「女の子はダメ」ってやらせてくれなかったんですよ。だから格闘技系をやりたいっていうのがずっとあって、それで親元を離れたことでようやくできたっていう。

——ハタチから格闘技を始めたということはキャリアはちょうど20年。

藤野　ずっとやりたいっていうのがあったのに我慢をさせられて、ようやくできるぞってなったから。

——でも津田さん判断によると、藤野恵実が試合できるのはあと1、2戦だと。

藤野　でも本当は去年ぐらいで終わりにしようかなと思っていたんですよ。もう自分でもヒザがもたないっていうのはわかっていたので。だからあと1、2戦ちゃんとやらせてもらって終わりたいなと。ミーナには「先に辞めるな。逃さない！」ってずっと言われていますけどね（笑）。

——じゃあ、藤野さんの『KAMINOGE』登場もこれが最初で最後ですね（笑）。

藤野　ちょっと、ちょっと！　まだまだその先も拾ってもらえたら。いち主婦になってもよろしくお願いしますよ（笑）。

藤野恵実（ふじの・えみ）
1980年11月17日生まれ、愛知県豊橋市出身。総合格闘家。FIGHT FARM／トライフォース赤坂所属。
大学生のときに和術慧舟會に入会して格闘技を始める。アマチュア大会出場を経て、2004年3月20日にスマックガールでのせり戦でプロデビューして判定勝ち。総合格闘技だけでなくキックボクシングやシュートボクシングにも参戦し、藤井恵、WINDY智美、浜崎朱加、長野美香、富松恵美、RENAなど強豪日本人選手と対戦。アメリカのWSOFではジェシカ・アギラーとタイトルマッチで対戦するなど女子格闘技の黎明期より活躍する。2019年12月8日、『PANCRASE 311』にて行われたパンクラス女子ストロー級暫定王者決定戦でチャン・ヒョンジを破り悲願のチャンピオンベルトを手にする。趣味は飲酒。

兵庫慎司のプロレスとはまったく関係なくはない話

第70回　サイン会って難しい

兵庫慎司

（ひょうご・しんじ）1968年生まれ、広島出身、東京在住、音楽などのライター。音楽サイトDI:GA ONLINEの連載『とにかく観たやつ全部書く』、半月に1回ペースで更新中。BS朝日で「金曜8時」に復活した新日本プロレス中継の真裏、地上波のテレ朝は『マツコ&有吉 かりそめ天国』。という事実は、プロレス愛に満ちた男、有吉弘行にとっては無念だろうなあ。と誰かが言うだろうと思っていたが、そうなってから1年が経つのに目にしたことがないので、私がここで言っておきます。

本のサイン会って、著者と出版社にとっては、じつは、あんまり意味がない。

6年前まで編集者だったので、著者と書店にお願いして何度もサイン会を行ったことがあるが、じつは内心ではそう思っていた。って、いまさら書くなよ。黙って墓まで持って行けよ、そんな思いは。

いや、サイン会、書店にとっては、とても意味がある。お客さんが、よそじゃなくて、その店で買ってくれるから。あと、著者と出版社にとっても、「宣伝」の面では、意味がある。本が出るときは、何かしらイベントがあったほうがいい、そのほうが派手でにぎやかだし、話題になるかもしれないし、的な。

ただし、販売に関しては、じつはそうでもない。シンプルな話で、サイン会に来るような熱心な読者は、サイン会がなくても本を買うからです。サイン会があったから買った、なきゃ買わなかった、という人は、ゼロとまでは言わないが、かなり少ないと思う、実感として。

ここ数年、出版社が著者に頼んで大量にサイン本を作ったり（そう、「作る」って言うんですよね。あれ、違和感あるけど、ほかに適切な言い方がないんだろうな）、著者が書店を回ってサインを入れたりすることが増えている。たしかに、サイン会よりもそのほうが効率がいい気がする。あと、「サインを入れると書店は返本できなくなる」というのも大きい。

というわけで。要は、サイン会もしくはサイン本でターゲットにしたいのは「それがなきゃ買わない人」なわけだが、本という商品に関しては、けっこう難しい。買う側が平常の心理状態だったら。つまり、買う側が、平常の心理状態じゃなくなればいいのだ。どうすれば、平常の心理状態じゃなくなるのか。お祭りごとにしてしまえばいいのだ。

というサイン会を、二度ほど実行したことがある。僕が思いついたわけではない。浅草キッドです。彼らの東京スポーツの連載をまとめた『発掘』という本を出したとき、まず1回高円寺文庫センターでサイン会を行ったのだが、そのあとにおふたりから「ここで、このときに、サイン会やれば、売れるんじゃない?」というアイデアを、いただいたのだった。

「ここで」って、どこ。いまは亡き、文教堂書店新横浜駅店です。「このとき」っていつ。横浜アリーナでPRIDEが開催される日です。当時、浅草キッドは、フジテレビの格闘技番組『SRS』にレギュラー出演していた。新横浜駅から横浜アリーナへ行く人、ほぼ全員がその店の前を通る。PRIDEの開演前と終演後に、店の前でサイン会やるのはどうだろう。どうせ俺ら『SRS』の仕事で、その日横浜アリーナに行くし、という。

実行した。ものすげえ売れた。開演前は「けっこう売れた」ぐらいだったが、終演後、キッドがダッシュで書店に戻って来ると、「おお、キッドだ!」と、たちまち大行列。試合の興奮が冷めやらぬお客さんたちと言葉を交わす、握手はする、写真は一緒に撮る、と大サービスしながら、数百人にサインしたキッドのおふたりなのだった。調べたら、2002年4月28日の『PRIDE.20』のときでした。

それから数年後。『ロッキング・オン・ジャパン』の連載、松尾スズキ×河井克夫=TEAM紅卍(というユニット名)のマンガ『ニャ夢ウェイ』の単行本が出たとき、そのときのことを思い出した。で、「あ!フェスで売れる!」と、気がついた。

当時まだめずらしかった、年末の屋内ロックフェス、カウントダウン・ジャパンの会場内には、ロッキング・オンの出版物を閲覧・購入できるブースがあった。紅卍はDJとして出演が決まっているので、1日は会場に来る、じゃあその日にサイン会をやればいいじゃないの、と。

打診したら「もちろん!」「喜んで!」「いくらでも!」みたいなお返事だったので、そのDJ出番の直後、汗だくのおふたりをブースまでお連れして、サイン会を行った。とんでもないことになった、人が集まりすぎて。行列が長くて会場内の導線を妨げ、その方面の担当者から怒られたり(怒るよそりゃ)、場内整理のバイトを回してもらったりしながら続行。『いくらでも!』とは言ったけど、いくらなんでも!」とおふたりから悲鳴があがり、400人くらいで終了した。これも浅草キッドのときと同じく、「お祭り気分になっているがゆえに買う」効果が叩き出した数字であることは、間違いない。

という、二度の成功体験を得たがために、「普通のサイン会って……」という考えが染みついてしまったのでした。その後もやりましたけれども、普通のやつ。

「サイン会とかできるわけねえ」っていういまの世の中なのに、こんなネタで書いてどうする。と、自分でも思うが、そんないまの世の中の状態も、「サイン本を作る」「著者が書店に行ってサインする」ブームに、拍車をかけていますよね。

あと、私が初めて井上ヤマモト本誌編集長に会ったのは、その『PRIDE.20』の横アリでした。その次は13年後、「連載が1本終わるから書きません?」と、このコラムを依頼してくれたときでした。よく憶えてたな、俺のこと。

「お笑いのできない環境に
呼ばれすぎるのはもういいかな。
それは私じゃなくてもいい」
（サーヤ）

「ラランドが解散したら
俺は芸人を辞めれます。
ここが楽しくてずっと
やってきたんで」
（ニシダ）

おもしろい人はなぜおもしろいのかを
調査する好評連載・第４回

フリーでの活動からこのたび事務所を設立！
“大阪進出”もぶち上げた超実力派コンビ!!

ラランド
サーヤ&ニシダ

収録日：2021年3月8日　撮影：タイコウクニヨシ　聞き手：大井洋一　構成：井上崇宏

どこの芸能事務所にも属さずフリーランスで活動し、2019年のM－1では準決勝まで進出。しっかりと実力を見せ、その後さまざまな番組に呼ばれるたびに結果を残しきたラランド。

群れを嫌い、束縛を嫌い、叩き上げのスキルだけが武器と、経歴がほとんどドクターX・大門未知子。

この取材の帰り道、「彼女、超頭いいですね」「なんか、怖さを感じますよね」と井上編集長とサーヤさんの魅力を語らいながら帰りました（ニシダの話は一度も出なかった）。

個人事務所「レモンジャム」を設立したばかりのこのタイミングで、サーヤさんが芸能界の女帝になる前に取材してきました（ついでにニシダも）。（大井）

「こないだ初めて聞いた単語なんですけど『スマッシュブレイク』って言われてて（笑）」（サーヤ）

――サーヤさんって以前、K－1の広報をやっていたんですか？

サーヤ あー。代理店に勤めていた時代にK－1のPRまわりをずっと担当していたんですよ。入社して1年目で『アウト×デラックス』に久保優太選手の出演を決めたら、上司から「おまえ、これからメインで入れ」って言われて2年くらいK－1チームでずっとやっていましたね。

――意外な形で我々とリンクしましたね。

サーヤ もともと格闘技はマジで苦手だったんですよ。ちっちゃいときから両親がずっと格闘技が好きで、年末は毎年『Dynamite!!』を観るじゃないですか。私はガキ使が観たいのに親がそっちを観るから「うわあ……」と思って（笑）。だから毛嫌いしていたんですけど、仕事のおかげで観るようになって、めちゃくちゃハマりましたね。

――PRを担当していた頃、K－1は盛り上がりそうだなっていう感触はありました？

サーヤ 地上波でガンガンやっていた時代と比べたら最初は下火だったと思うんですけど、ここから選手の方たちをテレビでなんとか露出してもっと人気者にしなきゃっていう感じでしたね。それと新日がうまいこと行ってるぞっていうのがどうしてもあって（笑）、RIZINもそうですけどベンチマークはそこらへんでした。とにかくテレビの露出をもっと強化しようっていう流れがあったので、私も局をずっと営業してましたよ。名刺を渡して企画書を持って行ったりとかやってましたから。

――お笑いの活動と並行しながら。

サーヤ そっちも土日はライブに立つくらいの感じで、めっちゃやっていましたね。

――キャリアで言うと、いま何年目とカウントしてるんですか？

サーヤ　大学を卒業してからも舞台に立ってはいたので「3年目」って言ってます。お笑いサークルの活動として大学4年間やって、そこから卒業して3年目っていう。みんなも養成所時代はカウントしていないから、それでいいかなって（笑）。

――大学のお笑いサークルの4年は養成所扱いということですね。

サーヤ　やっぱり全部足して「7年目」って言うと、「それだけがんばってやってるんだから、そりゃそうだろ」ってなるので（笑）。

――なるほど（笑）。ここまで猛烈な勢いですよね。

サーヤ　こないだとある番組に出たときに初めて聞いた単語なんですけど、「スマッシュブレイク」って言われてて（笑）。

――ただのブレイクじゃない（笑）。

サーヤ　「早いとそういうふうに言われるんだ」と。たしかにテレビ出演がゼロから一気に増えたので。

――このたび自分たちの事務所を設立されて、それまでもどこにも所属せずにずっとフリーでやってきたわけですけど、「フリーにはオーディションの話が来ない」とかよくある話じゃないですか。

ニシダ　聞きますね。

サーヤ　最初の頃はそんなこともあるんだろうなと思ったんですけど、結果M－1に出たら予選の動画が凄い拡散したことで、オーディションじゃなくて直で「来てみない？」っていうのがあったんですよ。事務所に「適する人たちを選んでください」じゃなく、最初から確度が高めの状態で直で話が来るので、お互いに熱量が高いまま仕事ができて効率もよくて。

――オーディションを受けなくても、ネタはすでにしっかりとPRできている状態ってことですよね。

サーヤ　そうですね。いまは芸人コンビそれぞれがYouTubeチャンネルを持っているような状態なので、ネタ以外にもこういうキャラ、こういうトークができるっていうのがいくらでも出せるのかもしれないですね。

――仕事のオファーはサーヤさんに直ですか？

サーヤ　最初の頃はそうでした。窓口を作っておいて、そこに来るメールを全部返す。請求書の作成もやってみたいな。

――窓口が本人だと、お金の話とかをするのが難しいんじゃないですか？

サーヤ　そうなんですよ。いちおう仕事でPRをやっていたから「相場よりも低いな。足元を見られてるな」っていうのがわかるんですよね（笑）。そこを自分で切り返すのもダルくなっちゃったし、私も自分の価値を自分でしゃべるのは言いづらいなとなって、マネたく（ラランドのマネージャー橋本氏）に声をかけて、代わりにやってもらうようにしてからはうまいこと行くようになりましたね。マネたくは元ホリプロなので、なんならもっと相場が高いところにいたからちゃんと対等にしゃべれるというか。そこらへんはうまく切り替えてやっていますね。

――自分たちが回っていかないとマネージャーさんも養えないわけですけど、やっぱり人を雇用するっていうのはけっこうな覚悟もいると思うんですけど。

サーヤ　そうですね。ただ1、2年くらい前に兆しが見えてきて、「これだけオファーが増えてきたらいけるんじゃないか？」っていうので事務所を設立しましたから。

――状況がグッと変わったのはいつくらいからですか？

サーヤ　2019年のM-1敗者復活戦で初めてのテレビ生放送に出たことで、その日からオファーがけっこう来るようになりましたね。それでオンエアが増え始めたのは2020年2月です。

「俺に言ってもあまりわからないだろうと思われているんで、なんにも説明されないんです」（ニシダ）

――まだ1年しか経っていないですね。つまり1周しだすっていう状態ですよね。

サーヤ　ここでやっと1周が終わったくらいで、ここから2周目っていう感じなんですけど、生活は180度変わったんですよ。だから去年の夏ぐらいに「仕事のスタイルを変えなきゃ」と思って転職しました。

――あっ、まだ芸人以外の仕事もやってるんですか？

サーヤ　まだやってます。広告づくりも引き続き興味があって、やりたいことのひとつだったので。

――西川史子さんがずっと「女医です」と言いたいがために、かならず病院に出勤するみたいなことではないんですね（笑）。

サーヤ　普通に芸人がつけ麺屋をやってるみたいな感じですよね。それよりもっと趣味に近い形というか。いちおう正社員でやってまして、ベンチャーなので最近の考え方をちゃんとしているというか「お互いにメリットがあるから契約しましょう」っていう感じなんですね。表舞台に立っているがゆえの経験や知見を活かしながらPR会社でもゴリゴリやってたんで。いまはアプリとかネット系の広告まわりとか、コンサル的なことをやっています。

ニシダ　あのー、いいですか？　さっきからずっとサーヤさんが話をしていて、「テレビを1周した」ってことなんですけど、俺自身はべつに1周してないんで。

――同じところまでは行ってないと（笑）。

ニシダ　まだ半分も行ってないですし。

サーヤ　そうだね。

ニシダ　俺に該当する話はいまのところない。

――それは本当に失礼しました（笑）。

ニシダ　「なんか話してるなあ」と思いながら聞いてましたから。だからライブしか出ていなかった頃、サーヤさんが働いている時間は俺はなんもすることがなかったんで、釣り堀に行ったりとか、3駅無駄に歩いてみたりとかして時間を稼いでました。

――ボクの感覚だと、ニシダさんを横に置いていることで、ダメな人たちが「おう、ニシダ！」みたいなちょっと雑な扱いというか、テレビのまんまのキャラクターで接していいと思っている人を横でサーヤさんがチェックしていて、値踏みをしているんじゃないかと。要するに炭鉱の中に連れて行くカナリアみたいな役割を担っているというか（笑）。

ニシダ　だったら死ぬじゃん、俺！（笑）。

――このカナリヤが騒ぎ出したら死ぬぞっていう（笑）。

サーヤ　たしかに（笑）。ニシダってちょっとサイコ気質があって、牢屋に入ってすげえ礼儀正しい殺人鬼とかいるじゃないですか？　狂っているがゆえに人当たりがいいみたいな感じというか、裏方さんとかに「いやー、本当にありがとうございました！」っていうのが手厚いんですよ。挨拶もめっちゃうまいし。

――相手の懐に入るのがうまいんですね。

サーヤ　めちゃくちゃうまいです。目上の人に対して「ナメていいよ」みたいな感じでグッと距離を詰めていって仲良くなるみたいなことをさらっとやるので凄いなって思いますね。

――サーヤさんは社長として日々、いろんなことを考えていると思うんですけど、やっぱり会社にするタイミングは「いまだ！」っていう感じだったんですか？

サーヤ　そうですね。去年の夏ぐらいからぼちぼち考え出してはいて、「ここまでお仕事をいただけるようになったら」っていうのがあって。あとは大きい仕事をする上で法人にしていたほうが信用されるかなっていうのと。

――どこかに入るよりも自分たちでやったほうがいいっていう判断に至ったのはなんでですか？

サーヤ　いまからどっかの事務所に入るっていうのは、たぶんご迷惑をおかけすることが多いだろうなと思いましたね。こっちの雰囲気でやろうとするとたぶんテンポが全然変わるというか、わりとレスポンスを早くできるのがフリーの強みだったのに、それを仕事が来てもいろんな審査を通って自分のところに落ちてくるってなると、ちょっと自分のテンポ感とは合わなそうっていうのがあったので。

――なるほど。こういう話にはニシダさんも参加するんですか？

ニシダ　いや、いま初めて聞きました。俺に言ってもあまりわからないだろうと思われているんで説明されないんです。

――ニシダさんはネタは凄く優秀なんですけどね。

ニシダ　いやいや、全然そんなことないですよ。いろいろ手一杯です（笑）。

――収録で全然しゃべらなかったとか、それすらもわざとなんじゃないかっていう買いかぶりをこっちはしているんですけど（笑）。

サーヤ　いや、ネタってあらかじめ組み立てたものを見せるものじゃないですか。ニシダはちょっとフリープレイがまだあれなんだよね。

ニシダ　たしかに自由演技がダメだね。ショートプログラムだったら点数が高いけど、フリーだとロシアの人に抜かされちゃうみたいな。

サーヤ　ロシアに抜かされるとか、自分のことを日本代表みたいなしゃべり口じゃん。だいぶ高い位置にいると思ってんじゃん。

ニシダ　違う違う、べつにそんな深い意味のないたとえだから！（笑）。

サーヤ　基本的にニシダのことは常に一緒にいる身代わりみたいな感覚でいますね。最悪なんか起きたら先に死ぬだろうっていう（笑）。

ニシダ　本当に炭鉱のカナリアじゃん！（笑）。

――でも何か問題を起こすとしたらニシダさんのほうですよね。

サーヤ　そこで社長として頭を下げるのは私ですから、ちゃんとその準備はしています。弁護士とかも探してつけますし。

「ちゃんとネタをやっていかないと、このままだと浅いタレントのまま育っていきそう」（サーヤ）

――ニシダさんは本当にやりたいことというのがあったりしますか？　こういうふうになりたいとか。

ニシダ　……こういうふうになりたい？（しばし考え込む）。

サーヤ　ニシダは質問が来てから考え始めるくらいにそれがないんですよ。

――こういう質問ってもう何回も聞かれてるんだろうなって、こっちも恥ずかしいなと思いながら聞いてるんですけど（笑）。

サーヤ　毎回これぐらい悩むもんね。

ニシダ　悩んでる。やりたい仕事で言うと、声の仕事と執筆業ですね。

――ああ、ニシダさんのｎｏｔｅはおもしろいですよね。

ニシダ　そうなんです。ｎｏｔｅをやり始めまして、ずっと書いてるんですけど。

――もうひとつの声の仕事っていうのはなんですか？

ニシダ　ナレーション的なやつとか、アニメの声優とか。だから書くほうも将来的には小説とかエッセイ的なものの連載ができたらうれしいかなっていう。

――そのためにｎｏｔｅを始めたと。サーヤさんから見て、ニシダさんの才能ってどこにあるんですか？

サーヤ　才能とかではないんですけど、大学1年生のときに「あっ、コイツは何もできないけどできるふりしてるな」っていうのがわかったので、それを何周もして、遅刻とかいろんな粗相をいっぱい受けて、「あっ、これは本当にもうほぼ病気というか、不治の病と一緒だな」ってなったんで、もう一緒にそのリハビリに付き合ってあげるっていう覚悟をしました（笑）。

――いまでこそご飯を食べられてるからそれでいいと思うんですけど、よくある話で「おまえのせいで売れねえんじゃねえか？」みたいな時期ってなかったですか？

サーヤ　でも相方を売れない言い訳にしちゃうっていうのは恥ずかしい気がしますけどね。いまは私のほうがテレビにけっこう呼ばれていても、いつかはニシダのほうがもっと出るような気もするというか。まだ東京の人は見つけていないだけっていうか。
ニシダ　エヘヘヘへ。
サーヤ　うれしそうだな、おまえ（笑）。
――じゃあ、「たぶん何かあるな」と評価しているんですね。
サーヤ　そうなんです。ただ出しづらい。
――ひたすらだんまりのときがありますからね。収録でまさかの居留守を使うみたいなときがあって（笑）。
サーヤ　そうなんですよ。ニシダはみんなが思っている以上に脆いんですよ。脆いから傷つくのが怖いっていう。
ニシダ　繊細です。傷つくくらいだったら闘わないです。
サーヤ　すぐに武器を捨てるんですよね。でも、そこは場数じゃないかなって思うんですよ。
――サーヤさんだけじゃなくてみんながニシダさんに期待しているんですよ。全員が「何かあるんじゃないか？」って思っているはずなんですよね。
ニシダ　その「何かありそう感」を出すのは得意なんですよ（笑）。だけど特にないっていう。いや、ちょっとがんばります。これからはテレビに出たらだんまりはやめよう。いま心に誓いました（笑）。

サーヤ　基礎中の基礎だよ。

――やっぱりラランドとして大事にしているのはネタですか？

サーヤ　もちろんです。ネタをもっとやりたいし、お笑いの分野をやりたいのに全然違う側の部分ばかり出ているのが自分としては凄く気持ち悪くて。

――芸人としてずっとネタをやってきて、ここでタレントとしても扱われ始めたことが？

サーヤ　その流れじゃないというか、肩書きでフックアップされている感じがするんですよ。もちろんテレビに出られるのはうれしいし、知ってもらえるのはめちゃくちゃありがたいんですけど、知ってほしい部分じゃないところばっかり見られてる感じに違和感があります。テレビの中で求められている投げ方ばっかりしているうちに本来のフォームを忘れちゃうみたいな。「めちゃくちゃな投げ方になってるな、全然自分じゃないな」みたいなところに気づいたんですよね。

――女の人がいっぱい集まって話す番組とかに呼ばれることが多いと思うんですよ。

サーヤ　いまは「わかってますよ」って言うためだけに女芸人を使おうとするから、それでいちおう枠があるんですよね。「とりあえず斬ってください」「腐してね」みたいな枠でしか呼ばれないんで（笑）。

――「腐してね」は多そうですね。

サーヤ　それで「べつに炎上しようがこっちは関係ない」みたいな感じで絡んでくる人が多いので、それはやりたくないからちゃんと断るっていう感じです。コメンテーターとかもそうですけど（笑）。

――あー、やっぱりコメンテーターのオファーも来ますよね。

サーヤ　「それはしない」って感じですね。ちゃんとネタをやっていかないと、このままだと浅いタレントのまま育っていきそうと思って（笑）。

――やっぱり「芸人」と呼ばれたい。

サーヤ　そういう出方って芸人らしくないですし、お笑いのできない環境に呼ばれすぎるのはもうちょっといいかなと。それはべつに私じゃなくてもいいので、いまはザ・タレントでいう仕事に集中することはないかなって。

「大学のお笑いサークル連盟があって、ちゃんと組織されてやっているんですよ。いまは東大も強い」（ニシダ）

――やっぱりお笑いの賞を獲ることに価値がある？

サーヤ　と思います。

（※ここでニシダの携帯が鳴り、着信音に合わせておどけてみせる）

サーヤ　そういうのをテレビでやったほうがいいと思うよ。

――こっちもそういうのがほしいんだけどね（笑）。
サーヤ　でも人が多いとチョケれないんだよね？
ニシダ　たしかにな。このくらいの人数がいちばんチョケやすい（笑）。
――もう地方に行きましょう（笑）。
ニシダ　でも、いまのこの動き自体はそんなにおもしろくなかったけどね？
サーヤ　知ってるよ。
ニシダ　知ってるよって言うなよ。
――それにしても最初からフリーとしてやってきたことが凄いですよね。その確信というか。どうしても最初は「どっか事務所に入らなきゃ」って思っちゃう気がするんですよ。その選択肢はなかったんですか？
サーヤ　いや、全然ありました。最初はいろんな事務所さんから声をかけていただいて、というのも大学4年生のときに吉本主催の大会があるんですよ。大学生が出るお笑いグランプリみたいなやつで、決勝をルミネでやってMCはジャルジャルさんっていう。その大会で優勝したときに、楽屋にいろんな事務所の関係者が名刺を配りに来るみたいな。
――甲子園と一緒ですね。
サーヤ　そのときに人力舎とマセキ以外から名刺をもらったんですね（笑）。なので選択肢はけっこうある状態だなと思って、ここからどっかに入る方向で行くんだろうなと真剣に思っていたんですけど、お話をしてみたら、私は会社員になるし、ニシダは大学を卒業する気配がないから足並みが揃わなそうってなったので、これは迷惑がかかりそうというか、その状況に合うところがなかったっていうことですね。会社員をやりながらできそうなところもないし、養成所に入らなきゃいけなかったり、お金がかかったり、平日にはこのライブに出て、この先輩のお手伝いをしなきゃいけないっていうルールがあったり。
――「それは私はこなせません」っていう。
サーヤ　「会社員だから難しいです」って断るのもなんか違うなと思ったし、こっちから条件を言うのは凄く失礼だなと思って、どっかの事務所に入ることはやめちゃいましたね。
――いわゆる大学お笑いからプロへの流れって、いまのトレンドですよね。
サーヤ　いまは多いですね。私も入るまでは何も知らなかったんです。「上智に入ったらこのサークルに行こう」っていうのはなんとなく決めてはいたんですけど、入ってみたら先輩から「知り合いに太ってるヤツか外国人がいたら連れて来て」って言われて、「あっ、いるわ」と思ってニシダを誘って行って、それで1年生からずっと一緒にやってるんですよ。
――その「太ってるヤツか外国人」っていうのは、そういうのと組んだほうがおもしろいよってことで？
サーヤ　いや、その先輩がサークルにキャラクターをもっと入れたいっていう意向で。
――組織に幅を持たせたいと（笑）。
サーヤ　それで入ってみて、「けっこうちゃんとした大会もあるんだ」となって出始めた感じです。先輩にも「おまえら、出たほうがいいよ」って勧められて。
――上智だけが盛り上がっていたわけじゃなくて、大学お笑いが盛り上がり始めていたときだったんですね。
ニシダ　むしろ上智は盛り上がってなかったしね。
サーヤ　上智はまったく目立ってない。スポーツと一緒で早慶が強いみたいな。
ニシダ　いまは東大も強いしね。一橋とか。
サーヤ　ウチらのときは青学もけっこう強かったです。ほとんどの大学にあるっちゃありましたね。それで大学のお笑いサークルが1個のデカいインカレサークルみたいになっているんですよ。
――そこにお笑いをやりたい人たちが集まってやってると。
サーヤ　各大学のお笑いサークルや落研とかに入っておけばめちゃくちゃ交流があるみたいな。
ニシダ　お笑いサークル連盟があって、ちゃんと組織されてやっているんですよ。
サーヤ　その連盟が大会を立ち上げて、それにみんな出るっていう。
――そういうイベントは年に何回かあるんですか？
サーヤ　夏と冬に大きいのがあって、夏は個人戦でコンビそれぞれが出るんですけど、冬は漫才、ピン、コントを1個のチームで作って出るっていうチーム戦があって、それもめっちゃおもしろくて。
――凄いですね。じゃあ、お笑いの中でも独自の文化というか競技性を発揮してるところなんですね。
サーヤ　でもお笑い好きが集まってるからけっこうメタなこ

とをやるんですよ。なので、みんなそこからテレビに出始めると苦戦したりとかする先輩も多かったです。

「活動に関するいろんなことは考えなくてもいいけど、足を引っ張る系の作業だけはしてほしくない」(サーヤ)

——サーヤさんはそんな4年間を経つつ就職したんですよね。

サーヤ　やっぱり新卒を使えるのは1回しかないし、上智にも入ったし、もったいないなと。「このままNSCに行ってもな」って思って。あとはやっぱりお金がほしいし、家にもお金を入れたいっていうので会社員になりました。

——ニシダさんは上智を中退されてますけど葛藤はなかったですか？　ボクは大学1年のときに2単位しか取れなくて、学校に呼ばれて「辞めるか続けるか選んで」って言われたんですよ。そのときに大学を辞めるのはつぶしが利かなくなりそうで凄く怖いなと思ったんですよね。

ニシダ　はいはいはい。怖いっスよねえ。

サーヤ　ウソつけ！　2回も大学を辞めといて。

ニシダ　いや、1回目は怖いよ(笑)。

——2回目は慣れた(笑)。

ニシダ　1回目で「なんとなくこんな感じか」っていうのはわかるんで(笑)。

——サーヤさんはべつに働くことで保険をかけていたわけでもないですよね？

サーヤ　そうですね。仕事は1回やってみたかったし、先輩が広告系に行ってるのを見ていて「超楽しそう」と思ったので。そういうアイデアを活かせる仕事というか、メーカーや公務員には絶対に向いていないから、クリエイティブ寄りなことができるところに行こうと考えた結果、「あっ、広告だ」となって。芸人と広告だったら凄く近い業界の中で裏表だなと思ったので、どっちも知ってたら無双できそうだということで選びました。

——いま、わりと人生は思い描いた感じに進んでますか？

サーヤ　思ったよりもなんとかなってはいるかなっていう感じですかね。まわりにこういう動きをする人がいなかったので参考になるものもなかったですけど、お金は普通に固定給が入ってくるし、「まあ、いっか」って。たまたま運がよかった感じですよね。

ニシダ　自分なんかは想像よりも全然うまくいってると思います。コロナ前のM－1で準決勝まで行けてこうなりましたけど、その前年までは2回戦で負けてたんで、もし同じく2回戦で負けていたら去年はコロナで活動ができなくてなんとなく解散、なんとなく消滅みたいになっていた気もするんで。

――解散とかの怖さってあるんですか？「ニシダ、今日ちょっと話があるんだけどさ。考えたんだけど、ちょっとひとりでやってみようと思うんだよね」みたいなことを言われる恐怖みたいな。

ニシダ あー、そうしたら俺は辞めれます。ここが解散したら芸人を辞めるつもりです。

――「誰かのニシダ」になるつもりはないと（笑）。

ニシダ ここが楽しくてずっとやってきたんで。

サーヤ ニシダは私がお笑いに行くなら連れて行ってほしいし、やらないならやらないで終わりって大学生のときから言ってたんで（笑）。

ニシダ 「絶対にプロになりたい」とかは思っていなかったんで。楽しいからやっているだけで（笑）。

サーヤ 部室で「プロに行くの？ 連れて行って！」って言われたのを憶えてますから（笑）。

――じゃあ、おふたりともいまが楽しいってことですね。ところで最近、「冗談じゃない！！」って思ったことはなんですか？

サーヤ ニシダはネタを考えたりしなくていいし、活動に関するいろんなことは考えなくてもいいけど、ただ足を引っ張る系の作業だけはしてほしくないなっていうのがあって。

ニシダ 足を引っ張る系の作業って？

サーヤ 禁句を言うとか現場に来ないとか。

――禁句を言ったり、現場に来なかったりするんですね。

サーヤ バラエティに遅刻してくるのは百歩、千歩譲ってあれだとして、私たちが初めてやってるラジオ番組のスポンサーさんの会社にロケをしに行きますみたいな日があったんですね。そこで改編を乗り越えられるかどうかが決まるくらいの大きなスポンサーさんだったんですけど、当日ニシダが来ないんですよ。それでもうロケが終わるくらいになって片目が四重になったままのニシダが来たんですよ。「めちゃくちゃ寝てたじゃん！」と思って（笑）。

ニシダ そうですね。

サーヤ あのときはひさしぶりに震えましたね。でもクライアントはやさしいから、「もうこれは打ち切りだー！」ってコントをその場でやってくれたんですよ。「ニシダくん、もうクビです！」とかって。そうしたらコイツも「あっ、コントをしてくれてる」って気づいて、すぐに「ちょっと、ちょっとー！」ってやり出して。

ニシダ コントにしてくれてるから、こっちもしょうがなくやったんですけどね（笑）。

サーヤ ホントに「冗談じゃない!!」っていうことですよね。ビックリしました。けっこう現場に遅れて来るんで。

ニシダ 俺が「冗談じゃない!!」って思ったのは、いま彼女と同棲してるというか向こうの家に転がり込んでるんですけど、きのう晩御飯を食べるときに彼女がおでんを作ってくれたんですよ。でも家にからしがなかったんです。「これは冗談じゃねえな！」って思いましたね。

――はあ。

ニシダ　「からしがなかったらおでんが食えるか、バカヤロー！」って。あのときはけっこうキレましたね。

――彼女に強いんですね。

ニシダ　まあ、ここで虐げられてるぶん家では強くね。

（※サーヤが冷めた目でニシダを見る）

ニシダ　どうした？

サーヤ　……いやもう、まんま載せてください。

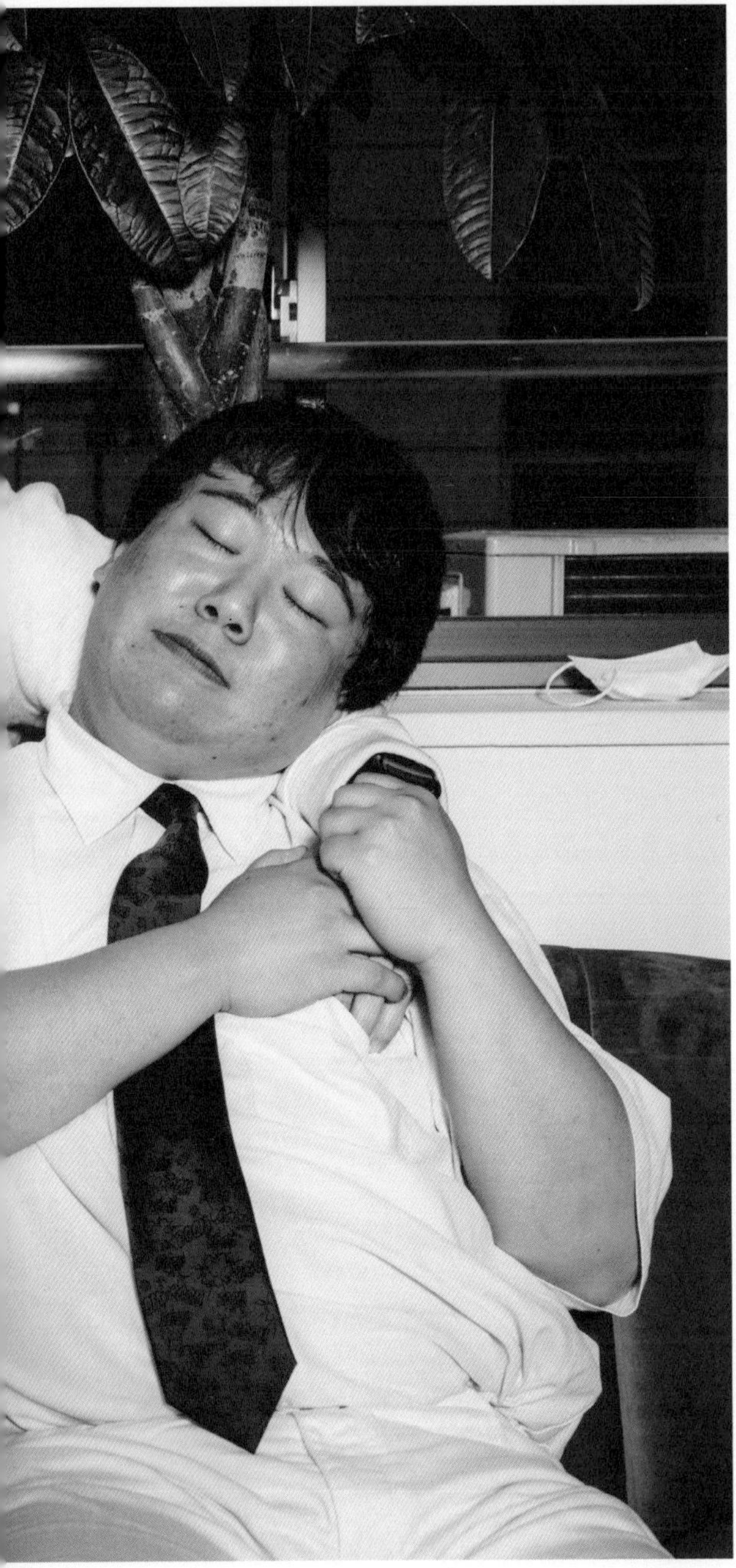

ラランド

サーヤ　1995年12月13日生まれ、東京都八王子市出身。

ニシダ　1994年7月24日生まれ、山口県宇部市出身。

2014年、上智大学の同級生であったサーヤとニシダによりコンビ結成。その後、ニシダは2度の大学退学を経て、サーヤは広告代理店社員と芸人を兼業しながら、芸能事務所に所属せずフリーのコンビとして活動。2019年、『M-1グランプリ2019』でアマチュアながら準決勝に進出すると、その実力が認知されてブレイク。2021年3月5日に会見を開き、個人事務所『レモンジャム』の設立と、ニシダがハウスキーピング検定二級を取得したことを電撃発表した。

大井洋一（おおい・よういち）

1977年8月4日生まれ、東京都世田谷区出身。放送作家。

『はねるのトびら』『SMAP×SMAP』『リンカーン』『クイズ☆タレント名鑑』『やりすぎコージー』『笑っていいとも!』『水曜日のダウンタウン』などの構成に参加。作家を志望する前にプロキックボクサーとして活動していた経験を活かし、2012年5月13日、前田日明が主宰するアマチュア格闘技大会『THE OUTSIDER 第21戦』でMMAデビュー。2018年9月2日、『THE OUTSIDER第52戦』ではTHE OUTSIDER55-60kg級王者となる。

坂本一弘

馬乗りゴリラビルジャーニー（仮）

第8回 佐山サトルとの再会!!

構成：井上崇宏

（さかもと・かずひろ）
1969年3月4日生まれ、大阪府大阪市出身。
修斗プロデューサー／株式会社サステイン代表。

――この連載も番外編が多いんですけど、もう今回は問答無用の番外編です！

坂本　問答無用の番外編とは？（笑）。

――3月13日に、佐山道場のツイッターの公式アカウントで佐山サトルさんと坂本さんの2ショット画像を拝見したんですよ。佐山さんとお会いになったんですね。

坂本　そうですね。先生とは3年とか5年に1回くらい、ばったりとどこかでお会いすることはあるんですけど、じつは今年の初めにお会いしてるんですよ。

――あっ、そうなんですか。今回はYouTubeの撮影でお会いしたようですけど、その前に1回会っていたと。

坂本　そうなんですよ。正月明けにお会いして、そのときは1時間半くらい昔話や、これからのMMAの技術論だったり、修斗がどういう方向に進むべきなのかとか、あとは技を教えてもらったりとかしていただいたんですよ。それは佐山道場の代表をやられている水谷さんからSNSでメッセージが来たので、ボクが返信しようかなと思ったときに間違えて電話をかけちゃったんですね。そうしたらすぐに電話に出てくれて「1回道場に来ませんか？」という話になったので、「もし佐山先生がいいのであれば、ボクはいつでもお邪魔させていただきます」と。そうして会う機会を設けていただいたんです。

――佐山道場に行かれたと。

坂本　佐山道場はビルの2階にあって、アポイントを取っていた17時よりちょっと早めに着いたので、中で練習をやられているのが終わるまで下で待っていたんですね。そうしたら2階から先生の指導をされている声が聞こえてくるんですよ。「懐かしいな……」と思いましたね。18歳のときにゴリラビルに行ったら2階から先生の声が聞こえてきたことを思い出したんですよ。凄く不思議な感じでした。それでお会いしたら「おう、今日はどうしたの！？」って、これも昔と変わらない口調で迎えていただいて、ボクはお土産を持って行ってたんですけど、それも昔と一緒で一言、「偉い！」って（笑）。

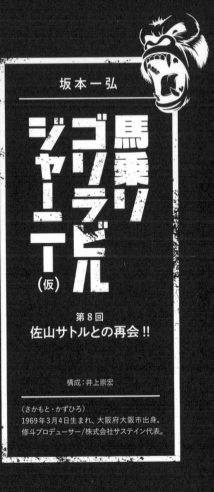

——いいですね（笑）。お土産はやっぱり甘味ですか？

坂本　当然じゃないですか。先生に辛いものを持って行ってどうするんですか（笑）。和菓子ですよ。なので、そうやって褒められたのが凄くうれしかったですね。

——佐山さん自身も、坂本さんと会うことについては全然オッケーって感じなんですね。

坂本　そうですね。ボクらのほうが佐山先生に気をつかうのは当然だと思うんですけど、先生の中ではただの弟子のひとりだと思うんです。

——どうしても佐山サトルは修斗とは相容れない、関係をもたないというイメージがあるんですけど。

坂本　修斗っていうものと、たとえば坂本個人のものはまた違うじゃないですか。もちろん、いまボクがやっていることは修斗のプロモーターだったり、運営をやったりではあっても、先生からすればただの弟子でしかないので。

——どんな話をしたのか、詳しく知りたいんです。

坂本　昔の思い出話ですよ。「先生が怒ってクルマのフロントガラスをパンチで割っちゃったことがありましたよね」とか、そういう楽しい昔話（笑）。そういうことを話すと先生が笑ってくれて「あー、そうだねー。そういうことあったねー」って。それでいろいろと話していくうちに「当時、印象に残っていることで先生が『俺がおまえらのときくらいに俺がいたら俺は凄いよ』って言っていたことをボクは19くらいのときに聞いて、それ以来その言葉をずっと心の中に大切にしているんです」って言ったんですよ。

——その話はこの連載でもお聞きしましたね。

坂本　そうしたら先生は「生意気だったよねー」って言われたので、「いえ、それを聞いてボクらはもっとがんばらなきゃいけないと思ったんですよ」と。ボクらには佐山サトルがいるけれど、佐山サトルには佐山先生がいないんだっていうことの気づきじゃないですか。こんなことを先生に直接言える日が来るとは思ってもいなかったんですけどね。田崎健太先生の『真説・佐山サトル』があったり、『シューティング入門』の復刊があったり、そういったことも含めて佐山先生のMMA界に対してやってきたことの歴史をさかのぼれば、そこがきちんと見えてくるわけじゃないですか。八角形リングでやったことや、いろんなことがリンクしていくというか。先生の考えていることは常に先を見ているというところで、その答えが出るまでに時間がかかるっていうのはしょうがないんですよね。その答え合わせを先生とできたことがうれしかったなって思います。先生ときちんと修斗に対して、坂本という人間に対しての答え合わせをさせてもらったことは、自分にとってとてつもなく大きなこと財産ですよ。だって人の記憶って不確実じゃないですか？

——そうですね。では、この連載も今月からより内容の正確性が増すと考えていいですか？（笑）。

坂本　「事実の寄せ集めが真実にたどり着

くとは限らない」って田崎先生も書いていましたけど、そういうことですよね。ただ、『真説・佐山サトル』という本でひとつの答えが出たと思うんですよ。修斗というものに対する佐山先生の思いや葛藤、行き違いや思い違いがあったり、「許せない！」と思うこともあったり。ただ先生と話をさせていただいて「どうして修斗には理念があるのか？」ということの答え合わせができたことは凄くうれしかったですね。もしかすると世間ではボクと佐山先生が話したということが「えっ!?」と思うようなことなのかもしれないですけど、ボクからすれば18歳くらいで先生と最初に会ったときの弟子の頃と同じ感覚になれた。そこに戻してくれた、戻れたっていうのが重要なんですよ。いまのボクではなくて昔のあのときの自分っていうね。

――普段、なかなかそうやって自分をリセットできる瞬間って一瞬たりともないですからね。

坂本　ないですよね。たとえばですよ、これは本当に縁起が悪い話なんだけど、もし先生がお亡くなりになってから思いを巡らせても答えは出ないじゃないですか。だからこうして先生とお会いする機会を設けていただいた水谷さんには本当に感謝しかありません。

――ボクは水谷さんという方を存じ上げないんですけど、物事が動くのってそういうことですよね。それまでの人間関係の中だけでは進まなかったことが一気に動くっていう。

坂本　本当にそういうことなんですよね。だからお声がけいただいたのも凄くありがたいし、先生が気持ちよく迎えて入れてくれたことにも感謝しているし。ボクら弟子のことを「みんなかわいいんだよねー」って言ってくださいましたね。

――そして先日、YouTube用の対談でもふたたびお会いしたと。

坂本　技術的なことや、カーフキックのディフェンスとかを教えてもらいましよ。やっぱり先生の格闘脳っていうのは凄いなと思いましたね。

――佐山サトルのカーフキック対策、知りてえ！（笑）。

坂本　それは3月中に配信予定の佐山道場のYouTubeをご覧になってください（笑）。

――くっそ〜（笑）。

坂本　でもね、先生と話をしてみていろんなことがクリアになりましたよ。MMAを科学するとか哲学するという中で、MMAって絶対にまずは足し算から始まるんですよ。数学と同じで、いきなりかけ算から教える人はいないですよね。たとえばボクだったら空手やレスリングをやっていた、そこの足し算から始まっていくんですよ。そこにいろんな技術を足していくのが「総合格闘技」ですよね。でも先生が最初から表現されていたのは、すでに「ミックスド・マーシャルアーツ」なんですよね。合わせたものを超えてるんですけど、ボクらはとにかく合わせる作業から始めたんですよ。「コレとコレとコレを組み合わせる、はい、1個のもの」っていう。もちろん、それで勝負をしてもいいんですけど。

――最初はあくまで接着させているだけで、ミックスはされていないという。

坂本　それでボクが二十歳くらいのときに気づいたのは「これは逆説的に考えないと

ダメだ」と。たとえばボクがさまざまなものを合わせたものが合計で10とするじゃないですか。足していっても10だとしたら、10になる方程式をいくつ持ってるかに関わってくるなと思ったんです。それがべつに10＋0でもいいし、1＋9でもいいし、2×5でもいい。その方程式をいくつ持ってるかがこの競技の答えなんじゃないかなと。その10をどう使うかなんですよ。そうするとミックスさせていってもっと複雑な方程式を出していける。それでこないだも先生に「そういうことですよね？」っていう話をちょっとさせていただいたんですけどね。

——なるほど。

坂本　それでひとつ勘違いしていたこともわかって、当時ボクたちは先生は強い選手を育てたいんだと思っていたんですよ。だけど「強い選手を育てる、それもある。だけど俺は同時にいい指導者も育てようとしたんだよ」って言ってましたね。「おまえたちがいい指導者になるためのことを全部やらせたの」って。あの厳しい合宿も、いい指導者を育てるためにやっていたんだと。だからMMAという競技がこんなに広がりを持った。「なるほどな」と思って。

——佐山さんは見えてますねえ。

坂本　完全に見えてますよ。

——見えていると同時に、最初から一代で成す気がなかったというか、成せるものじゃないっていう読みだったんでしょうね。

坂本　そうですね。だからボクはそこを本当に勘違いしていましたね。

——昨今のMMAシーンについては何かおっしゃってましたか？

坂本　「80パーセントくらいまでは来てるよねー」って言ってましたね。レベルとして。なので、「先生、100パーセントってあるんですか？」って聞いたら「うーん、100パーセント。見たいねー」って言ってました。ああ、それはたぶんないんだろうな、だからその100パーセントを目指すべきなんだろうなっていうふうに聞いていて感じましたけどね。そして「でも、いまのMMA、総合格闘技のテクニックはすべて想定内だから」と。

——うおー！

坂本　先生の想定内。コークスクリューキックもそうだし、寝技もすべて想定内だって。『シューティング入門』全部見てるしょ？　あれはいまでも通用するから」っておっしゃってましたね。

——ちょっと今日、帰りに買いに行きますよ。

坂本　やっぱりボクがこの歳になっても業界の一端としてやれているのは先生のおかげなんですよ。でもね、この歳になっても先生と会うとまだまだ学びがあるんですよ（笑）。それが本当にうれしいんですよね。やっぱり佐山先生は凄いです。

ドロドロドロドロドロドロ
あっ
新しいスープラだ
仮面サンクス
吉泉知彦
第77話 ミラクルマスター
よお パンサーキッド
オレだぜ
ミラクルマスターーか
何の用だ？

コンビニであのクッキーの詰め合わせを買ってる人、初めて見たかも。漫画とはいえ。

近くに来たから顔見に寄ってみただけだ
ホワイトデーのお返しに何かないか
ホワイトデー
あるよ後ろの棚
こういうんじゃなくてさ
この辺の銘菓みたいな
ホワイトデー
チェーンのコンビニだぞ
あると思うか?
チエコちゃん…ブラックバスにチョコもらってよ
どう思う?
どうって別に……
義理チョコだろ
そんなの……

ありゃあ相当たまってんぜ
うひゃひゃひゃひゃひゃひゃ
え
オレに抱いてもらいてえのさ
えっ
オレにはピンときたね
前にキスしたことあるからな
知ってるぞ
その後タイガーシャークにボコられたろ
いらねえことばっか憶えてんじゃねえよ
あのキスの味を思い出したんだろ
うひひひひひひひ
……

そこのクッキーの詰め合わせくれよ
これか
2200円だぞ
パンサーよ
いいか
ガキがいてよ
相手してくれる男はいねえ
パイオツかいでー
体を持て余して毎晩うなされてるぜ
そこにクッキーを持ったオレが現れてみろ
全部抜かれてミイラにされちまうかもしれねえな
……
袋いるか有料だけど
いらね
じゃあな
うひゃひゃひゃひゃひゃひゃひゃ

つづく

KENICHI ITO

涙枯れるまで泣くほうがEマイナー

VOL.04

前田日明のアームロック

伊藤健一

（いとう・けんいち）
1975年11月9日生まれ、東京都港区出身。格闘家、さらに企業家としての顔を持つため“闘うIT社長”と呼ばれている。ターザン山本！信奉者であり、UWF研究家でもある。

ここ数カ月、心から笑ったことがなかった……。

金沢にある超予約困難店『すし処めくみ』に行ったときでさえ、寿司の味がしなかったほどだ。

告白するが、去年10月『QUINTET FIGHT NIGHT 5 in TOKYO』で中村大介選手に惨敗を喫したときの心の傷が癒えていないのである。

さらに年末年始は、大晦日のRIZINで太田忍に快勝した、練習仲間の所英男にボコボコにされ続けた。

中村選手にアームロックからの腕十字でやられ、所英男にも練習でアームロックを取られまくったことで、もはや鬱状態になり、私は24時間アームロックのことしか考えられなくなっていた。

「アームロック」……。

「腕がらみ」「ダブルリストロック」という言い方もあるし、柔術では木村政彦からとって「キムラ」と呼ばれる。

海外の道場に行くと、アームロックなんて言葉はなくキムラだ。それはKUSHIDA選手が使うと「ホバーボードロック」となるが（ちなみにちょっと前までWWEの解説者は「サクラバ」と呼んでいた。素敵）。

この技はちゃんとポジションを取らないと極められない。ここ最近は柔術大会を中心に出場していた私にしてみれば、強い柔術家にポジションを取るのはほぼ不可能なので、頭から完全に抜け落ちていた。

さらに極めるにはポジション取りだけでなくそれなりにパワーも必要なため、木村政彦vsエリオ・グレイシー、アントニオ猪木vsアクラム・ペールワン、桜庭和志vsホイラー・グレイシー、中村大介vs伊藤健一など、アームロックで勝敗を決した歴史的な試合には体格差というものが存在する。

ちなみに髙田延彦もめちゃくちゃ極めるのがうまい。

私から見ると、かなり強引に取りにいくため、疲れそうだなと思うが、パワー、スピードそしてスタミナまで兼ね揃える髙田は、普通の人なら腕がパンパンになってしまうやり方でも取り続けられるので、それはそれで本人の特性に合っていると思う。

かつて宮戸優光にも教えてもらったことがあるが、宮戸のそれは極めると言うよりもプロレスでいう「アームホイップ」的な投げ技の要素が強かった。プロレスラーとしてはかなり小さく、フィジカルで劣る宮戸が極めるのは困難だと思うので、投げにシフトしていったのだと思われる。

アームロック、アームロック、嗚呼、アームロック。

毎日うなされ、悩み続ける子羊の私に突然、大井洋一から電話が入った。

「冗談じゃない!! 今日これから前田日明がABEMAの収録現場に遊びにくるって言うんだけど、誰も相手にできる人がいない！ これは冗談じゃない!!」

そんな大井のSOSを受け、私と井上編集長は急いで砧スタジオに向かった。

現場に到着した途端、たしかに不穏な空気が漂っていた。突然の前田訪問にテレビマンたちは一様に困ったそぶりを見せていたのである。

だが卓越したUWFファンである私は、前田を一瞬で気持ちよくさせる一言を持っている。

「前田vsニールセン戦のときの前田コールはハンパなかったです！」

そう、私は新格闘王・前田が誕生した伝説のニールセン戦を生観戦しているのだ！

この私の一言で前田も「おう、そうか」とニッコリ微笑んでくれ、現場の不穏な空気は一瞬で飛び去った。大井も安堵の表情を浮かべる。

さらにもう何度も聞いているのだが、イギリス遠征時代の話やカール・ゴッチの秘話なども聞きまくった。

すると前田から「おまえ、最近試合してるのか？」と質問されたので、QUINTETで中村選手にアームロックで敗れたことを素直に話した。

すると突然、前田はジャケットを脱ぎ出し、「こう極めるんや」と私を腕を取り一生懸命に実演してくれたのだ！

なんという夢の時間……最高だ……。

プロレスが大嫌いだったのに、あの日、私をニールセン戦観戦に連れて行ってくれた天国のおじいちゃんも見てくれているかな……。

最後に「おまえ、これを飲めば高校生並みにビンビンや」と謎のサプリメントも教えていただき、束の間のレクチャーは終了。前田は帰宅の途についた（なぜか収録は見ないで帰った）。

前田のアームロックは、カール・ゴッチ、藤原喜明、そしてアントニオ猪木から受け継がれたものであろう。

UWF研究家として、その技術を次世代に伝えていくのは私の役目でもあるのかもしれない。

「男子3日会わざれば、刮目してみよ」

あんなにアームロック恐怖症だった私が、いまではそれを主武器として所英男と渡り合えるくらいにまでなりつつある。

ありがとう、前田日明！

最後に、私が前田に教えを乞うている間、まるで興味がなさそうにソファーに寝っ転がりながらスマホを見ていた井上編集長から、「イトケン、あのサプリメントってなんてやつだっけ？」と後日シレッと連絡が来たことをここに記載しておく。

マッスル坂井と真夜中のテレフォンで。

3/14

MUSCLE SAHAI DEEPNIGHT TELEPHONE

群馬の不良の超絶リアルな乱闘動画を観て、俺は敗北を感じましたよ。去年以降、コロナという圧倒的非現実に敗北を感じたのと同様に『これより刺激的なものってほかにあるのかな』ってめまいがしちゃった。

「俺は上出遼平さんの文章を読んだとき怖かったですよ。本物に触れてしまった怖さ」

坂井　いま話題になっている、テレビ東京の上出遼平さんが寄稿してる『群像』は読みました？

——読ませていただきました。『僕たちテレビは自ら死んでいくのか』。

坂井　いま、テレビに関わるいろんな人たちがあれを読んで、問題意識として共有している感じがエグいらしいですね。

——言っても、テレビをつければまぶしいスタジオの照明の中で物事は進んでいるわけで、テレビの現場の疲弊しきっているリアルな状況は、なんとなく耳にすることはあっても、全然わかっていなかったですから。読んだ感想を言ってもいいですか？

坂井　どうぞ、どうぞ。

——以前、あの人の著書（『ハイパーハードボイルドグルメリポート』）も読みましたけど、まずはやっぱり文章がうまいですよね。

坂井　うまい。感情がキラキラと泡のように湧き出ては消えていく、シャンパンみたいな文章ですよね。そもそもテレビ番組のほうのハイパーハードボイルドもめちゃくちゃ編集のテンポがいいんですよね。当たり前だけどユーチューバーとかの編集とは一線を画した、プロ中のプロの仕事だと思いながらずっと観てましたけど。

——あの番組は、ひとりでカメラを持ってロケに行くというスタイルなわけですけど、それをやっていくうちに上出さんが感じた

構成：井上崇宏

ことは、取材対象のリアルな声を拾うにはそのカメラすらもわずらわしいと。
坂井　そう書いてましたね。もともとクルーを引き連れては行かないんだよね。
——自分ひとりで世界中あちこちで素材を撮って日本に持って帰るっていう。私は活字側ながら、そのフットワークの軽いスタイルにちょっと憧れたんですよ。テレビ制作って団体競技というか、仰々しい数の人で作られてるわけじゃないですか。
坂井　それこそグルメロケとか行くだけでもけっこうな人数でお店に行ってね、ちょっと横柄な感じがどうしても出ちゃうんですよね。
——それで上出さんが書いていたのは、本音を録るにはカメラすらも邪魔で、ボイスレコーダー1台あればいいと思ったと。そして、そのスタイルで新しいコンテンツをやろうとしていたんだけど、局内で承認が得られずにお蔵入りしたと。
坂井　そうなんですよ。
——とにかく「いま、テレビ局ってこんな状況なんだ」と思ったんですけど、ただ、個人が組織の中で憂うことだったり、組織の中での孤独感っていうのは、ある意味でちょっとカッコいいなとも思うし、「だったら辞めれば」って言われたらそれまでだけど、辞めずに中から問題提起をしていくっていうのも全然カッコいいじゃないですか。だって、映像を作る人たちのいまの状況って10年前とはまったく違うわけですよね？
坂井　そこなんですよ。ああいう人たちっていうのは、ＮｅｔｆｌｉｘとかＡｍａｚｏｎプライムビデオとかが年棒1億払ってでもほしい人材じゃないですか。
——ＴＢＳの藤井健太郎さんだってそうだし、いざ飛び出せば億を稼げるっていう人たちが今後どういう選択をしていくのか。
坂井　億プラス名誉ですもんね。あの人たちは富も名誉も確実に手に入れられる。『ハイパーハードボイルドグルメリポート』だって、Ｎｅｔｆｌｉｘで3年以上前から話題になっていたわけじゃないですか。もの凄い視聴されていたわけでしょ。個の時代が叫ばれる中、団体芸としてのテレビを否定して、チームじゃなくひとりで全部責任を持ってやるっていうスタイルじゃないですか。実際に今回の『群像』の文章に載っていた企画にしても、お蔵入りになってしまったコンテンツも超絶魅力的じゃないですか。
——群馬の暴走族に取材したってやつ。
坂井　だって、最近話題になっていた群馬の不良の乱闘動画は観ました？
——観ましたよ、伊勢崎の。一般人がスマホで撮影していたやつ。
坂井　人口20万人の都市であんなことが起こっちゃうっていう。だってあの動画の中でひとりが全身打撲、ふたりが撃たれているわけでしょ。
——パーンと乾いた音がしていましたね。
坂井　あの動画をＳＮＳで観たのが、ちょうど『まっする』の準備をしているときだったんですよ。俺、敗北を感じましたもんね。「これより刺激的なものってほかにあるのかな」みたいな。去年以降、コロナという圧倒的非現実に敗北を感じたのと同様に、今回は群馬の不良たちの映像にめまいを覚えちゃいました、本当に。そういう超絶リアルなやつって、俺らはついつい観てしまっちゃうじゃないですか。だって凄くおもしろいから。上出さんもたぶんあれと同じくらいのコンテンツを意識して作ろうと思っているっていうのがまた凄い。それぐらい凄いクリエイターなのに、テレビ局という組織にいながらにしてあんな檄文みたいなのを発表するわけですもんね。まだ30代前半でしょ。本物に触れてしまった怖かったですよ。俺はあれを読んだとき、怖かったですよ。本物に触れてしまった怖さ。

——たしかに。畏怖の念を抱いてしまうというか。

坂井　「俺はこういう人たちからバカにされている側の人間なんじゃないだろうか？」とか「物事をたらい回しにする側なんじゃないか？」とか。後輩である彼をかばい切れなかったことで、自分の至らなさみたいなことを感じたクリエイティブチームの先輩もいっぱいいるわけでしょ。そのとき、テレビ局ではどんなことが起こっていたんだろうなっていうのが安易に想像がつくというか、俺はつらいっスよ。上に話を聞くって言われてから1、2カ月も音沙汰がない感じとか、会議も全員リモートだし、Zoom越しでお蔵入りを告げられるわけでしょ。しかも「まあ、最初の部分しか確認してないんだけど……」って言われるわけじゃないですか。たまんないですよね。

「俺、これからは日本の金型工場を統一するくらいの気持ちでやっていくしかないと思ってますよ」

——坂井さんは今回のやつを読んで「怖かった」と言いましたけど、私も自分自身に置き換えてみていろいろと考えたんですよ。たとえば『KAMINOGE』だと、こんなのなんの制約もないわけですよ。一緒に校正してくれる人間がいるだけで誰の検閲もないし。「ちょっとこの表現はどうなの？」っていう程度のやりとりはあっても「いやいや、悪気は全然感じないからいいんじゃない？」っていうノリで。そんななんの制約もない中で作って、こんなユルい感じに出来上がるっていうのは、これが自分っていうか、こういうユルさを出していきたいからなんだろうなっていう。

坂井　あー、井上さんのスタイルとしてはね。

——だから最終は、個々が何を表現したいかですよね。

坂井　上出さんとかは組織にいることで起こりうる摩擦や怒りとかを、逆に世の中の問題に投影したりして考えられるわけじゃないですか。閉塞的ないまのテレビ業界を通じて。たぶん役場も、病院も、政治の現場もみんな同様にこんな感じなんでしょっていう想像力が働くけど、井上さんはどこともそんな摩擦がないのによくやってますよね。

——それがモノ作りの原動力になっていないというか。

坂井　佐藤大輔さんも佐久間宣行さんも藤井健太郎さんもみんなそういうのがあると思うんですよ。組織や業界の中での違和感とかを逆手に取って、どんどんいいものを作ってきたっていう。むしろ世の中のクリエイターって多くがそうですよね。

——「ふざけんじゃねえ！」っていう。

坂井　そうそう。世の中や組織の空気感に対してね。でも井上さんってべつに世相を斬るわけでもないし。

——私は「そこは気持ちを切り替えてから作ろう」だから。それとこれとは別っていうか、まあ違わないし、どっかでつながってるんでしょうけど、たしかにそれでよくやってますね（笑）。

坂井　違わないんですよ。彼ら最前線にいる指揮官たちに共感というか共鳴しているわけだから。あのほら、『家、ついて行ってイイですか？』もさ、いま凄い反響じゃないですか。

——あっ、イノマーさんが亡くなるまでを密着した。あれも凄かったですね。

坂井　あれも凄い距離感じゃないですか。

あそこまでちゃんと撮れて、本来なら番組とかコンテンツにするのが難しいものを、ああやってたまたまあの番組のロケで話がつながったから公開できたっていう。めちゃめちゃ凄いっスよね。

——やっぱり『群像』を読んで考えましたよ、「さあ、俺には何がやれるんだ？」と。私なりにカッカくるものがあったし。

坂井　ウソっ!?　きた？　で、何をするんですか？　ボクシングとか始めるの？

——できたら仕事で、です（笑）。

坂井　なんで、いまなんですか？　みんなちょっと気分を切り替えてやっていこうかっていうのは去年2020年に思ったことなのに、それが1年遅く来たんですね。多くの人は2020年で激喰らってるわけですよ。いろんなものの制作とかイベントとかが中止になったり、延期になったり、まさに中止と延期の1年だったわけじゃないですか。それで2021年からは完全に気分を切り替えていかないといろいろヤバいぞっていう。今年はそういう仕切り直しの1年になるはずなのに、井上さんはやっといま2020年が来た感じですよね（笑）。

——そう言われたらそうですね（笑）。気づきが遅いんです。なんなら最近コロナによる世の中の変化に動揺し始めて、ちょっと調子を崩してるっていう（笑）。

坂井　仕切り直して悪くなるって凄いですね。逆にコロナムードに仕切り直したっていう（笑）。でもそうなのかもな。戦後を語り継いでいく人みたいな感じというか、意外と語り部としてコロナを忘れない人なのかもね。いや、本当にそれはあるかもしれないですね。こっちは金型工場もそうだし、プロレスの興行とかでも数字に追われちゃっていて、「何がなんでも回していかなきゃいけない」っていうところでやってるから、無理やりでも気持ちを切り替えていかなきゃいけないんですよ。本当に仕切り直していかなきゃいけないと思っているから、逆に状況が冷静に見えていないのかもしれないんですよね。頭を切り替えないとマジでヤバいんで。だけど井上さんは違うってことですよね。直接的な打撃を喰らってはいないけど、冷静に「いやいや、しんどいな、これ」っていうところに、いま行き着いたってことですよね。

——話は変わるんだけど、今回の『大井洋一の冗談じゃない!!』でラランドを取材したんですよ。

坂井　あー、なるほど。

——あの人たちはずっとフリーでやってきて、ここらで対外的にちゃんとしなきゃってというので自分たちで事務所を作ったんですよね。やっぱりそれは凄くいまっぽいというか、ミュージシャンとかもどっかのレコード会社に所属せずに自分たちで会社を作って、やった仕事の取り分はすべて自分たちっていう。もうどんなジャンルでもみんなそうやればいいのにって思うんですけど。でも坂井さんの場合は家業ですからね。そこでどう突破口を見出していくのかっていうのが逆にいちばん気になってますよ。

坂井　それこそ俺はまったく逆で、日本統一というか。日本の金型工場を統一するくらいの気持ちでやっていくしかないと思ってますよ、これからは。まあ、『日本統一』シリーズっていうVシネマをよく観てるだけなんですけど。

KAMINOGE №112

次号 KAMINOGE113 は 2021 年 5 月 6 日（木）発売予定!

2021 年 4 月 14 日
初版第 1 刷発行

発行人
後尾和男

制作
玄文社

編集
有限会社ペールワンズ
(『KAMINOGE』編集部)
〒 154-0003
東京都世田谷区上馬 1-33-3
KAMIUMA PLACE 106

WRITE AND WRITE
井上崇宏
堀江ガンツ

編集協力
佐藤篤
村上陽子

デザイン
高梨仁史

表紙デザイン
井口弘史

カメラマン
タイコウクニヨシ
橋詰大地

編者
KAMINOGE 編集部

発行所
玄文社
[本社]
〒 107-0052
東京都港区高輪 4-8-11-306
[事業所]
東京都新宿区水道町 2-15
新灯ビル
TEL:03-5206-4010
FAX:03-5206-4011

印刷・製本
新灯印刷株式会社

本文用紙：
OK アドニスラフ　W A/T 46.5kg